KB264715

TO ______________________

소중한 당신께 드립니다.
함께 그리고 행복하게

FROM ______________________

20 .   .   .

예외경제 트렌드

예외경제 트렌드

이성진 지음

도서출판 섬영사

《예외경제 트렌드》 발간을 축하하며

한국경제매거진 권명기 국장

끊임없는 열정의 소유자인 이성진 작곡가&작가, 그는 동기부여가로서 그리고 자기개발 분야의 역량을 지속적으로 넓혀나가는 노력파이다.

《예외경제 트렌드》 벌써 제목부터 뭔가 심상치 않다!!!

언론인의 입장에서 보면 21C 무한경쟁의 사회구조 속에서 평범한 사람들이 힘을 가지려면 분명히 멤버십이 아니고는 불가능하다. 그런 멤버십을 구성함에 있어 저자는 진정한 가치를 알고 맵핑(인생설계)이라는 구체적인 인생계획을 세우라고 말하며, 성공 맵핑법칙과 10Q를 제시하여 성공으로 가는 열쇠를 독자들의 손에 쥐어주고 있다. 《예외경제 트렌드》의 구체적인 물음인 '당신은 준비되어 있는가?'에 대한 대답으로 대부분의 사람들은 깊은 상넘에 빠져 고민 좀 하게 될 것이다.

한국경제매거진은 주간지 〈한경비즈니스〉, 월간지 〈머니〉, 그뿐 아니라, 이미 10년 전부터 〈월간 프로슈머〉란 잡지를 발간해 오고 있다. 엘빈 토플러의 저서 《제 3의 물결》에 처음 등장한 '프로슈머Prosumer'라는 이 단어는 생산자Producer인 동시에 소비자Consumer로서 '경제활동의 주체'를 의미한다. 한경 'Prosumer'는 이같은 뜻을 살려 '상품'을 주제로 하여 다양한 기사를 싣고 있다. 상품의 기획부터 생산, 마케팅, 판매, 소비까지를 포괄하는 종합적인 경제기사가 'Prosumer'의 내용인 것이다.

저자 역시 프로슈머의 시대로, 융합의 시대세로 갈 것을 역설하며 급격히 점진되고 있는 유비쿼터스 환경의 허브를 찾는데 도움을 주고자 노력한 결과가 《예외경제 트렌드》일 것이다.

이 책의 본문 내용 중에는 스포츠 야구 용어인 '루킹 존'이 나온다. '루킹 존'은 2스트라이크 이후 타자가 스윙없이 공을 쳐다보기만 하는 상태로 삼진 당하는 상황을 묘사한 용어이다. 아무 생각없이 급변하는 시장의 환경에 그저 넋 놓고 안일하게 대처하고 있는지? 혹시 그렇다면 미래를 위해 지금부터라도 마지막이라고 생각하고 준비해야 한다고 저자는 독려하고 있다.

《예외경제 트렌드》는 대한민국 모든 국민 특히 직접판매업계의 소비자와 사업자를 위한 견인차적인 역할을 감당할 영향력 있는 책이 되리라 생각되며, 남녀노소 빈부의 상하고저를 막론하고 수많은 독자들에게 읽혀지길 기대해 본다.

2010년 모든 사람들에게 일독을 권해 본다.

이성진 작가의
《예외경제 트렌드》 출간을 축하하며

김칠성 멀티네트웍 마케팅 연구소장. 작가
(통신. 그 마지막 기회를 잡아라, 통신으로 날자)

먼저 이성진 작가의 《예외경제 트렌드》의 출간을 축하드린다.

작가는 작곡가·작가·네트워커·동기부여강사로 활동하는 등 다재다능한 젊은이다.

최근 왕성한 작가 활동을 통해 사회에 바른 생각을 심기 위한 그의 노력에 박수를 보낸다. 그는 글로만 만날 수 있는 인물이 아니다.

지금 이 시간에도 어디에선가 현장에서 땀을 흘리고 있을 것이다. 그래서 그의 글엔 땀 냄새와 강한 힘이 담겨져 있다.

그의 글 중 깊이 공감하는 부분이 있다.

성공하는 사람들은 이유가 있다.

그 성공에는 기가 있기 때문이다.

그 대표적인 기운이 끈기, 오기, 독기이다.

끈기, 오기, 독기를 가지고 한 분야에서

6개월을 일하면 감이 온다.

1년을 일하면 일머리와 돌아가는 주기를 알게 된다.

2년을 일하면 몸 속 깊이 노하우를 체득하게 된다.

3년을 일하면 반드시 결과를 만들게 된다.

독자들보다 먼저 귀한 책을 볼 수 있는 행운을 얻게 되었다.

이 책을 통해 그동안 너무 쉬운 성공을 바라지는 않았나! 하고 나를 돌아보게 되었다. 쉬운 성공이란 존재하지 않는다. 그런 성공은 아예 꿈도 꾸지 말라고 자신에게 말하고 싶다.

이 책에서 말하는 '성공의 이유'를 깊이 숙고하여 가치와 보람 있는 성공을 이룩하길 바란다.

《예외경제 트렌드》
모든 사람들에게 추천합니다.

최유재 / 인테크연구소 대표

현재의 직업구조가 외환위기 때처럼 광범위하지는 않지만 기업은 상시적으로 구조조정을 하고 있으며, 신규채용 또한 늘이지 않는 등 군살빼기가 한창이다.

인간의 평균예상수명은 100세로 점점 길어져 센터내리언 centenarian시대가 멀지 않았다. 은퇴를 하고도 30~40년을 더 살아가야 할 개인은 이제 '생애生涯 현역'으로 일할 각오와 준비를 하고 인생의 각 단계의 라이프스타일에 맞춰, 새로운 '인생 목표'를 수립할 때가 되었다.

저자는 《예외경제 트렌드》를 2아웃 루킹존의 스트라이크 아웃

되는 삶에 대한 대안으로 직접판매사업을 제시하고 있다. 이 책의 특징은 예외 마케팅의 성공전략 맵핑에서 가치창조, 학습과정에 이르기까지 체계적으로 잘 정리되어 있다는 점으로 사업초기에 겪을 수 있는 여러가지 실수와 시행착오를 좀 더 줄일 수 있을 것으로 기대해본다.

또한, 이 책을 읽다 보면 자연스럽게 셀프리더십과 태도의 중요성을 알게 될 것이며, 삶의 진정한 가치가 무엇인지! 그리고 한 회사와 생사를 같이하는 파트너들 사이에 생기는 스폰서십의 중요성에 대해서도 알게 될 것이다.

평생소비와 직업의 개념인 직접판매의 예외마케팅은 자신의 나이에 상관없이 마음 속에 꿈을 가지고 끈기, 오기, 독기의 뚜렷한 신념이 있는 사람이라면 회사를 선별하여 도전해 볼 가치가 크다고 저자는 설파하고 있다.

언제나 성공 신화 뒤에는 구구절절한 숨은 사연이 있기 마련이다. 단 한 가지 명분과 훌륭한 장점 이런 이유만 있다면 옥석을 가려 지금 당장 시작하라고 저자는 말한다. 그렇다. 일단 한걸음

띄는 것이 중요하다. 도전이란 언제나 가슴 뛰는 긴장과 흥미로
운 가능성이다.

이 책은 어쩌면 우리가 쉽게 잃어버리고 지나치기 쉬운 사항들
까지도 상세하게 언급하고 있어 수많은 네트워커들에게 삶의 중
요한 역할을 담당하게 될 뿐만 아니라 대한민국 소비자라면 사업
적인 관점이 아니더라도 누구나가 읽어야할 필독서라 생각된다.

끈기, 오기, 독기 5년 후

모든 사람의 바램들처럼 쉽게 얻어지는 성공은 아마 세상 그 어디에도 존재하지 않을 것이다.

세상에는 성공한 사람과 성공하지 못한 사람으로 나누어져 있다. 성공하는 사람들은 이유가 있다.

우리 모두가 바라는 성공, 그 성공에는 '기氣'가 있기 때문이다. 그것도 긍정적이고 여러 가지 좋은 기운, 다른 말로 에너지가 똘똘 뭉쳐져 있다. 기가 있는 사람은 성공할 수 있고, 기가 없는 사람들은 절대로 성공할 수 없다.

여기서 기氣는 기운으로 긍정적이고 활력 있는 좋은 에너지와 간절한 기운이다. 그 대표적인 기운이 끈기, 오기, 독기이다.

끈기, 오기, 독기에는 결심과 결단 그리고 자존심과 일관성이 존재한다. 그러기에 간절하고 집요한 신념을 가지고 일정 시간동안 지속적으로 철저한 과정을 통해 원하는 결과와 꿈을 향한 목적을 이루게 된다.

끈기란? 살다보면 순간순간 포기하고 싶을 때가 종종 있다. 하지만 쉽게 단념하지 않고, 끈질기게 견디어 나가는 기운을 끈기라고 말한다. 즉, 포기하고 싶을 때 쉽게 단념하지 않는 기운인 것이다.

오기란? 끈기를 넘어 자신의 능력이 부족하지만 남에게 지기 싫어하는 경쟁심, 일명 꼬라지다. 그러다보니 때론 잘난 체하며 자존심을 내세운 방자한 기운이지만 그래도 자신을 지탱하는 자존감의 자존심이 되는 기운인 것이다.

독기란? 사납고 모진 기운이나 기색을 말한다. 어떤 결과에 대해 자신의 모습이나 말과 행동에 독을 품은 기운이 나타나기에 반드시 끝장을 보게 된다. 우리가 궁지에 몰릴 때 "사생결단한다"고 말하는 그 결단이 여기서 나온다. 죽기를 각오하기 때문에 죽이 되던, 밥이 되던 결과를 만들어낸다.

“그 사람 무서워서 어떻게 해볼 재간이 없더라고요!”

“죽기 살기로 덤빌 작정을 했더라고요!”

“안 해주면 무슨 큰 일이라도 낼 것 같더라니까요!”

“독해서 당할 재간이 없더라고요!”

이런 말들은 상대가 100% 독기를 품은 상황에서 나올 경우가 많다.

여기서 주목해야할 것은 끈기다. 일반적인 보통의 끈기는 안간힘으로 버티며, 끝까지 목적한 바를 이루려한다. 하지만 때론 일정수준에 이르렀어도 일을 즐기지 못하게 될 경우 한계수치에 다다르게 되고 힘에 부쳐서 결국 중도에 포기할 수도 있는 가능성을 가지고 있다. 그러나 끈기를 가지고 즐기면서 버틴다는 것은 악으로 깡으로 오기와 독기를 동반하면서도 긍정의 모습을 잃지 않는다는 것으로 반드시 좋은 결과의 성취를 이루게 될 것이다.

10가지 지수 10Q의 자기계발도 마찬가지로 끈기, 오기, 독기를 품고 긍정의 사고를 가지고 있다면 자신이 원하는 목적지까지 도달하는 데에는 시간의 문제만 남아 있을 뿐이다.

끈기, 오기, 독기를 가지고 한 분야에서 6개월을 일해 보라.

그러면 그 분야에 감이 올 것이다.

1년을 일해 보면 감을 넘어 일머리와 돌아가는 주기를 파악하게 될 것이다.

2년을 일해 보면 경험을 통한 노하우를 몸속 깊이 체득하게 될 것이다.

이쯤에서는 반드시 성장점 또는 손익분기점이 나와야 한다.

3년을 일해 보면 일의 가치와 결과를 가지게 될 것이다.

Chapter 001 예외경제의 가치창조

Chapter 002
꼭 필요한 예외 마케팅 성공전략

Chapter 003

PIM의 10Q와
예외 마케팅 리더의 5가지 덕목

Chapter 004

5년 후, 준비된 사람인가

예외경제의
가치창조

일이나 사업에 있어서 가치관이 정립되어 있지 않으면 반드시 시행착오를 경험하게 된다. 다만 그것이 빨리 오느냐! 나중에 오느냐의 차이일 뿐이다. 일이나 사업을 시작하려면 무엇보다도 가치관과 정체성을 확고히 하고 시작하는 것이 바람직하다.

"다이아몬드 원석의 가치를 모르면 그냥 돌에 불과하지만, 가치를 정확히 알면 엄청난 부가가치를 지닌 보석인 것이다."

우리는 주변의 수많은 사건들 속에서 가치가 있는 것을 발견하고도 그 가치를 모르고 그냥 지나치거나, 또는 자신이 가지고 있고, 보고 있고, 듣고 있음에도 불구하고 고정관념에 사로잡혀 저평가하여 기회를 놓치게 되는 위험에 노출되어 있다.

가치를 모른 슈퍼맨의 비애悲哀

우리가 잘 알고 있는 〈슈퍼맨〉도 1938년 '제리와 조'를 통해 탄생하지만, 이들의 수익은 고작 15만원130달러에 불과했다.

'제리와 조'는 현실에서 도피하고 싶을 정도로 또래 여자 친구들에게 호감을 얻지 못하고 매력이 없는 스스로의 모습 때문에 사회적 관계성까지 떨어졌지만, 그들만의 독특한 세계에서 그들의 상상력을 제리는 글과 말로 표현하고, 조는 생상하게 그림으로 그려냈다.

이렇게 만들어진 슈퍼맨을 가지고 여러 출판사를 다녔지만 소득이 없었다. 그 때 'DC 코믹스'에 찾아간 어수룩한 이 둘은 자신의 뛰어난 상상력과 창작력을 스스로 저평가했기 때문에 수십 조원의 가치를 지닌 판권을 단돈 15만원에 넘기고 말았다. 일인당 7만 5천원씩 각각 받아 들고 DC코믹스 직원으로 채용되었다고 마냥 좋아했으니! 몇 년이 지나 슈퍼맨이 공전의 히트를 치게 되자 그들의 권리를 찾기 위해 법적 소송까지 재기했지만 끝내 패소하고 말았다. 후회해도 때는 이미 늦은 상태였다.

금주령시대에 와인 대체 상품으로 〈코카콜라〉 음료를 연구개발한 '존 펨버턴' 박사는 화재로 빚에 쪼들리자 자신이 가지고 있던 코카콜라 2/3지분을 프랭크 로빈슨과 몇몇 투자자들에게 약 3백만 원2,300달러의 헐값에 넘겼다.

〈자동화 조리방식〉을 개발한 '맥도널드 형제'는 자신의 레스토랑의 프랜차이즈사업권을 크로크에게 110만원950달러라는 헐값에 팔아 버렸다. 그야말로 재주는 곰이 부리고 돈은 엉뚱한 사람들이 더 많이 벌어간 셈이었다.

미대생 '캐럴라인 데이비슨'이 만든 나이키의 로고와 '하베이 볼'이 만든 보험회사의 캠페인 슬로건과 로고인 스마일 마크 역시도 각각 4만원35달러과 5만원45달러에 팔았다.

책으로 엄청난 인기와 파장을 불러일으켰던 〈반지의 제왕〉을 쓴 '톨킨'은 영화 판권을 단돈 2천만 원1만 파운드에 팔았다. 이유는 영화화하기 어렵다는 고정관념에 사로잡혀 부정적 판단을 내려버린 톨킨은 자신의 판단을 현명한 선택이라고 했지만 결과는 껌 값에 판 것이 되고 말았다. 물론 판권을 사들인 사울 자엔츠도 영화화를 포기할 뻔했지만, 피터 잭슨이 첨단 그래픽 디지털 기술을 이용해보자는 제안으로 결국 반지의 제왕은 영화로 거듭났다.

1990년대 말부터 2000년대 음반 시장에 엄청난 파장을 불러온 MP3 플레이어, 실제로 MP3를 개발한 사람은 독일의 '자이처 교수'와 그의 제자 '브란텐 부르크'였지만 실제로 이 기술로 엄청난 돈을 번 것은 미국과 한국의 기업들이였고 MP3를 개발한 자이처교수는 독일 미래상 하나 밖에 남은 것이 없었다.

가치평가를 논함에 있어 자신의 얄팍한 고정관념으로 저평가하지 않기를 바란다. 저평가하는 순간 당신의 5년 후는 지금보다 결코 나아지기 힘들 것이다. 내게 찾아온 기회를 제리와 조, 좀 펨버턴, 맥도널드형제, 캐럴라인 데이비슨, 하베이 볼, 반지의 제왕 톨킨, 자이처교수처럼 저평가해선 곤란하다.

당신은 배우고 익히는 습관을 가지고 변화를 주도해야 한다. 최소한 변화를 주도하지 못할지라도 따라는 가야하지 않겠는가? 변화 속에서 자신의 지식을 높이고 지혜를 터득하여 가치를 발견하면서 인생을 바꾸어 나간다면 당신도 백만·천만장자가 될 수 있다.

자신에게 찾아온 변화, 그 기회와 가치를 모르면 자신의 주변에 스스로 담장을 치게 되고, 그 울타리 안에 갇혀 순응하는 순한 양이 될 수 밖에 없다.

자신의 지식을 높이고 지혜를 터득하여 가치를 발견하라.

기업은 선도 지표, 선행지수를 통해 미래를 예측한다.

제조업의 생산성은 유통이 발달되면서 공정산출량이 공개되어진다. 츄잉껌chewing gum을 만드는 L기업의 경우 H, E, L대형할인마트에서 주문을 발주받아 생산해서 납품한다. 이런 거래를 지속하다보면 제조업체의 생산량을 유통업체에서는 자연스럽게 파악할 수 있게 된다. 즉 제품의 반응성을 보게 되는 것이다. 유통업체는 주문한 제품에 대해 L업체로부터 생산—출하—입하까지 걸리는 속도와 시간을 파악해서 유통업체의 제고를 조절하게 되고 선도 지표를 만들 수 있게 된다.

또한 유통업체는 이러한 정보를 바탕으로 가격까지 조정을 하게 된다. 제조업체의 제품 반응성이 공개되고 잘나가는 상품이라면 진열대 앞쪽으로 납품될 재화財貨의 효율성을 위해 1+1, 3+1, 6+1묶음으로 처음부터 주문발주해서 진열하게 한다. 또는 유통업체의 상표를 부착해서 주문자 생산 상표 부착방식OEM으로 매장에서 가장 좋은 자리인 전면 진열대에 놓게 한다. 반면 제조업체의 제품은 이리저리 뒤쪽으로 자리를 옮기다가 점점 밀려나 유통업체의 자사 PBPrivate Brand상품만으로 진열대를 채우게 된다.

〈공정산출량 유통의 이동경로〉

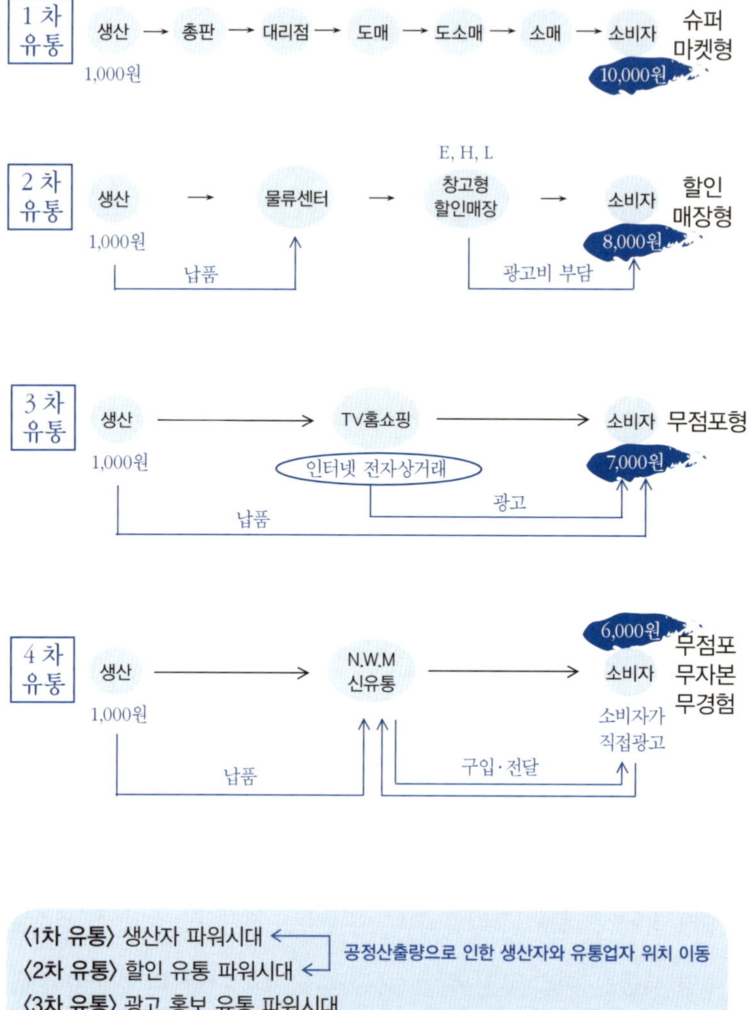

이러한 현상은 소비량이 많은 껌, 화장지, 생수, 라면 뿐만 아니라 현재 거의 모든 상품에 확대적용 되어 있는 실정이다.

유통업체와 공유한 제조업체의 공정산출량, 반응성, 효율성 등과 같은 정보는 유통업체가 자연스럽게 파악되도록 공개되어진다. 이에 따라 제조업체는 주문생산방식으로 인한 원가 절감과 재고 손실 감소의 장점도 있지만 동시에 유통업체의 영향으로 휘둘릴 수 있다는 단점도 있다.

네트워크시스템 또한 마찬가지다. 개인의 정보가 공유되면 될수록 능력이나 실패, 실수가 오픈되어 긴장을 늦출 수 없는 상황으로 전개된다.

대형 유통기업들이 마케팅 측면에서 적극 사용하고 있는 회원제카드point mileage service card 역시 기업이 소비자를 상대로 공정산출량을 얻기 위한 하나의 마케팅 장치이다. 고객의 소비트렌드 정보를 바탕으로 공정산출량, 반응성, 선호도, 효율성, 패턴의 선도 지표를 가지고 기업이 선행할 주력사업의 방향성과 아이템을 정리할 수 있다. 예를 들어 포인트를 적립하는 순간 어느 곳에 사는 누가 왔는지, 지역적 거리는 얼마나 되는지, 언제 어떤 제품을 구매해 갔는지, 방문주기는 어떤지, 소비금액은 얼마정도

인지 이렇게 되면 그 집에 필요한 상품이 어떤 것인지 어떤 때 어떤 상품이 떨어지고 필요한지까지 공개되어진다.

스포츠도 정보 분석을 통해 모든 자료와 정보가 공개되어지고 있다. 만약 구기 종목의 스포츠에서 제 역할을 못하는 선수가 있다면 구단은 물론 아무도 그를 용납하지 않을 것이다. 몸값이 뚝 떨어지고 퇴출되거나 트레이드 시킬 것이다.

경쟁력을 갖추지 못한 인터넷 쇼핑몰, 마트, 자영업, 기업, 개인 모두 新유비쿼터스Ubiquitous의 네트워크 정보 공개라는 경제적 시장 환경에서 퇴출된다. 이런 환경일수록 개인들은 네트워크조직을 가져야 한다. 예외마케팅 조직 속에 자신을 밀착해서 유기적으로 함께 움직여야 시대의 흐름에 대항할 수 있다.

나는 어떤 사람인가?

"나는 변화를 주도하는가? 아니면 따라가는가?"

기회의 짧은 순간에 적절한 타이밍의 코드화는 인생의 변화를
주도하는 전환점이 된다.

21세기 변화의 화두 속에 살고 있는 지금 예외경제여객선을 타
고 항해하다가 다음과 같은 예외적인 상황에 직면하게 되었다
면 당신은 어떤 그룹에 속한 사람이 되겠는가?

어떤 배가 영국을 떠나 미국을 향해서 항해를 계속하고 있었
는데 갑자기 높은 파도가 일고 심한 폭풍우가 몰아쳐 뱃길을 잃
고 말았다. 아침이 되자 바다는 고요해졌고, 배는 아름다운 항구
가 있는 섬에 닿아 있었다. 배는 항구에 닻을 내리고 잠시 쉬어
가기로 했다. 그 섬에는 형형색색의 다양하고 아름다운 꽃들이
만발해 있었고, 달콤하고 맛있는 과일들이 주렁주렁 달린 나무
들이 신선한 녹음을 드리우고 있었다. 또한 온갖 새들은 즐겁게
지저귀고 신기하고 아름다운 것들로 가득 차 있었다.

배를 탄 사람들은 다섯 그룹으로 나뉘었다.

첫째 그룹은, 자기들이 섬에 상륙해 있는 동안에 순풍이 불어
와 배가 떠나 버릴지도 모른다는 불안한 생각을 했기 때문에, 아
무리 섬이 아름다워도 빨리 자기들의 목적지인 미국으로 갈 생
각으로 아예 상륙조차 하지 않고 고민만 하다가 남아있었다.

둘째 그룹은, 서둘러 섬에 올라가 향기로운 꽃향기를 가득 맡
고 나무 그늘 아래에서 맛있는 과일을 따 먹고는 기운을 되찾아
곧 배로 돌아왔다.

셋째 그룹은 섬에 올라가 너무 오래 있다가 순풍이 불어오자
배가 떠나는 줄 알고 당황하여 황급히 돌아왔기 때문에, 소지품
을 잃어버렸고 자기들이 앉아 있던 배 안의 좋은 자리마저 빼앗
겼다.

넷째 그룹은, 순풍이 불어 선원들이 닻을 올리는 것을 보았지
만, 돛을 달려면 아직 시간이 있으니 선장과 선원들이 자기들을
남겨 두고는 떠나지 않으리라는 등의 이기적인 생각으로 조금만
더 남아 있어도 되겠다고 생각했다. 그러다가 정말로 배가 항구
를 떠나가는 모습을 보고는 허겁지겁 헤엄쳐서 가까스로 배에
올라 탈 수 있었다. 이들은 배를 타기 위해 허겁지겁 서두르는
과정에서 바위와 뱃전에 부딪쳐 상처를 입었는데 항해가 끝날 때
까지도 이 상처가 아물지 않았다.

다섯째 그룹은, 너무 많이 먹고 아름다운 경치에 도취되어 넋 놓고 깊은 잠에 빠져서 배의 출항을 알리는 소리조차 듣지 못했다. 그래서 숲 속의 맹수들의 밥이 되거나 독이 있는 열매를 먹고 병이 들어 마침내 모두 죽고 말았다.

여러분이라면 이 다섯 그룹 중 어디에 끼이겠는가?

이 이야기에서 나오는 배는 인생에서의 목적지를 향한 기본과 선행先行을 상징하고 있고 섬은 휴식과 유혹을 상징하고 있다.

첫째 그룹은, 목적지에 가야하는 의무감과 두려움이 너무 컸다. 기득권을 빼앗기지 않으려고 새로운 환경을 거부했고, 변화를 두려워했으며 고정관념에 사로잡혀 인생에서의 새로운 즐거움과 휴식의 기회를 놓치는 아쉬움을 남겼다.

둘째 그룹은, 변화를 두려워하지 않고 기회로서 즐거움과 누림, 적당한 휴식과 계획 속에서 배를 타고 목적지에 가야 하는 의무감 또한 잊어버리지 않은 가장 현명한 그룹이었다.

셋째 그룹은, 즐거움과 과도한 휴식을 취하지 않고 돌아왔으나 주변에 귀를 기울이지 않아 적절한 기회의 타이밍을 잘 맞추지 못해서 조금 고생 했다.

넷째 그룹은, 결국 헤엄쳐서 선행先行하는 배로 돌아오기는 했으나 너무 늦어 목적지에 다다를 때까지 상처가 아물지 않았다. 변화의 타이밍을 너무 많이 놓치면 목적지에 다다를 때까지 고생하고 너무 많은 에너지가 소모된다. 그러나 다섯째 그룹은, 인간이 빠지기 쉬운 것으로 일생동안 허영을 위해 살거나 앞날의 일을 잊어버린 채 목적 없이 살고, 변화의 타이밍을 거부하고 깊은 잠에 빠져 버렸다. 주변과 단절된 모습으로 현재 편하고 안일한 삶을 살아가는 사람은 달콤한 과일 속에 들어 있는 독을 먹고 죽어간 사람들과 같다.

지금부터 준비한다

과거의 잘못된 가치관에 대한 피드백을 통해 현재 상태의 고정관념에서 벗어난 새로운 가치창조의 미래를 준비할 수 있다.

향후 5년이 지난 시점에서의 직업군은 다음과 같이 4가지로 단순화될 것이다.

첫째, 반복적인 단순노무직이다. 그 비중은 점점 감소되고 디지털기계화 장비로 전면 개편하며 사람들은 디지털 기계만 다루면 될 것이다.

"미래의 공장에는 한 사람과 개만이 존재한다."

모든 것이 디지털기계화로 사람은 개에게 먹이를 주기 위해서 존재하고 개는 사람이 디지털 장비를 건드리지 못하도록 견제하는 방범의 목적으로 존재한다는 것이다. 좀 과장된 면이 있기는 하지만 일리 있는 말이다.

둘째, 판매직, 각종 서비스 대행직, 요식업의 서비스직, 방범 또는 방화직, 건물관리직 등 대인 서비스직이다.

셋째, 사학, 기초과학, 응용과학, 인문학, 사회과학 등의 학자들이나 법조인, 법률 서비스, 의료 서비스, 전문경영인, 자동화기계

생산 관련자, 보안시스템 개발자, 보안 관리자 등의 연구, 분석직 종사자로 수요가 예상 된다.

넷째, 공연예술을 중심으로 하는 작가, 음악가, 미술가, 연기자, 마술사 등 문화·예술의 예능인을 생각해 볼 수 있다.

직업유목민시대에 평생직장을 대신하여 평생 직업이 도입되고 있지만 직업을 가진다해도 평생 동안 일할 수 있을까? 전문적인 지식이 없는 평범한 사람들은 자신이 평생 동안 할 수 있는 대안적인 일을 찾아야 한다.

새로운 상품과 서비스의 등장은 직업을 탄생시키기도 하고 소멸시키기도 한다. 새로운 기술과 기계의 도입은 기존 작업의 직무내용을 변화시키며, 과거에 수요가 많았던 상품이나 서비스가 사라지는 등 직업은 끊임없이 생겨나고 감소하며 변화하고 있다.

이런 이유로 디지털 모바일세대, 인터넷세대, 엄지족의 성장과 함께 사이버 공간을 통한 기업의 활동과 소호족이 증가하고 있다.

많은 기업들의 사이버 공간을 통한 생산, 주문, 판매 활동을 함으로써 사이버와 관련된 직업이 많이 출현되고 있으며 이러한 현실은 공간적인 제약 없이 직무를 수행한다는 장점을 가진 동시에 정보의 공개로 인한 경쟁이 치열한 단점도 가지고 있다.

또한, 환경의 중요성이 대두됨에 따라 환경관련 산업이 성장할 것으로 예상되며, 여가시간의 증가로 인해 예술·문화산업 분야의 수요가 증가되어 문화콘텐츠사업처럼 삶의 질을 높이는 산업 비중이 증대할 것이다.

정보지식기반산업과 첨단산업 IT, 바이오, 의료, 나노의 발전은 산업의 비중을 변화시킬 것이다. 특히, 유전자 도식화게놈 프로젝트, 줄기세포, 체세포복제기술의 생명복제 등 첨단기술을 기반으로 하는 의료산업과 노령인구의 증가에 따른 고령화사회─고령사회─초고령사회의 진입으로 단계적인 실버산업은 점점 더 성장 발전하게 될 것이다. 그리고 우주관련 산업분야는 미래 산업으로 부가가치가 높아 세계 각국이 앞다투어 우주개발 인재양성과 연구개발 투자에 심혈을 기울이고 있다.

노동인력감소, 직업변화, 가족 구성원의 변화

2010 (현재)	2020	2030
65세 이상	65세 이상	65세 이상
7%	14%	20%
고령화사회	고령사회	초고령사회

그러나, 이같은 산업 발전에도 불구하고 인구의 증감 그리고 인터넷혁명시대의 트렌드 변화와 함께 일자리는 점점 사라지고

있다.

　방직산업, 석탄산업 종사자, 도장 고무인 기술자, 계량기 검측원, 아날로그필름 산업종사자, 주산·부기·타자학원 교사, 각종 매표원, 음반사업 종사자, 구두 수선공이 점차 사라지고 있다. 인터넷 모바일과 컴퓨터 시스템의 발전이 지금보다 더 가속화된다면 수많은 직종이 더욱 사양 산업fading industry이 될 것이다. 정부도 사양 산업에 대한 특별한 대책은 없는 실정이며, 다만 중소기업청 사업전환지원센터에서 이러한 사양 산업으로 인한 중소기업의 어려움을 지원하기 위한 제도만 있을 뿐이다. 한마디로 新시장경제 원리에 따라 개인의 자율적 선택에 맡기겠다는 것이다. 구두원형 제조공은 더 이상 만날 수 없게 될지도 모른다. 80년대까지 그런대로 맥을 유지해오던 자전거 수리공 또한 쇠락하는 직업이 되고 있다. 왜일까? 그것은 소비자들이 어떤 상품이 고가품이 아닌한 고쳐 쓰는 것보다 가격 비교를 통해 새로이 사서 쓰는 것이 저렴하거나 고쳐 쓰기보다는 새것을 다시 샀다는 기분 전환방식으로 소비행태가 변해가고 있기 때문이다. 이것은 대량 생산이 주는 소비자 혜택이다.

　한편, 첨단 기술의 발달로 영향 받는 직업이 점점 많아지고 있다. POS, USIM 등 판매시점 관리 시스템이 도입되면서 유통분야에서 필수요원이었던 물품기록원이란 직종도 점차로 설 자리를 잃어가고 있다. 자동화 설비 시스템이 도입되면서 전화교환원도 점차로 줄어들고 있다. 은행의 자동화 현금입출력기계와 세금납부 자동화 기계 등으로 은행원의 감소, 하이패스의 등장으로 고속도로 매표원의 감소는 점차 확대될 것이다.

컴퓨터 산업의 비약적인 발전은 1980년대 후반기에 이르러서 직업의 부침현상을 심하게 가져왔다. 종전의 주산·부기·타자·경리 등은 이제 업무의 셀프화 경향으로 인하여 자취를 감추었다. 비행기, 선박의 항법사도 가라앉는 직종이다. 컴퓨터 시스템이 항공기, 선박 운항체계에 도입되는 것이 가속화되면서 나타나는 현상이다. 컴퓨터의 가속화된 발달은 통계, 수치와 관련된 모든 사업 분야의 종사자들이 사라질 것으로 전망된다.

사무실의 업무서류의 감소는 모든 서류가 컴퓨터, USB, CD, 외장하드, 메모리 등에 입력 보관되면서 서류의 결재 절차도 인증절차로 바뀌고 있기 때문이다. 이렇게 종이가 결재서류로서의 효용성이 떨어지게 되면서 문서 정리원이란 직업도 만날 수 없게 될 것이다.

재료산업의 발달과 대형화 여기에 대학의 신소재학과와 신소재 연구소의 연구 성과로 인해 대체소재 또는 소재가 새롭게 고안되면서 사라지거나 감소되는 목공소, 양철공, 철공소 등의 직업유형도 있으며 기술의 진보로 사라지는 직업도 있다. 도기점토 혼합공, 인쇄수공식자공, 타이어 건조공, DTPDesk Top Publish, 탁상출판 시스템이 전자출판시대를 열면서 사라지고 있는 사진식자기 조작공 등이 여기 속한다.

인터넷 시대에 죽는 직업과 사양 직종은 인터넷의 확산으로 대체되거나 소멸하는 업종이나 직종이다. 일단 전체적인 고용규모가 줄어들 것으로 예상되는 업종은 인쇄출판·여행업·우편산업·소매업·금융업 등이다. 인쇄출판업에서는 전자출판 관련 직종은 일부 늘어나겠지만, 전통적인 출판 산업은 대폭적인 감소가 이루어지고 있다.

OECD의 유럽위원회는 유럽과 미국의 전자출판 부문에서는 향후 10년 동안 100만 명 이상의 고용이 창출되지만 전체적으로는 고용규모가 1996년 전체 고용인력 대비 1.26%에서 2006년에는 1.08%로 급격하게 하락할 것으로 예상했는데 국내 상황은 더욱 두드러지게 나타났다. 초대형 서점이 전자출판 분야에 대부분 뛰어 들었다. 교보, 인터파크, yes24 등…, 이렇게 초대형 출판유통과 대형 인쇄출판 업체가 전자출판으로 돌아서면서 국제적 예상치를 초과할 것이기 때문이다.

여행업은 공항, 비행기, 호텔 등의 예약업무가 인터넷으로 대체되면서 전체적인 고용규모가 줄었다. 그렇지만 사람들의 여행 수요는 오히려 더욱 늘어나면서 여행업도 다양한 여행패키지package상품을 구비하는 것이 사업 성공 비결의 중요한 요소가 될 것이다.

우편산업은 통신 수단의 발달과 다양성 그리고 인터넷 E—mail의 등장으로 개인 간 서신 교환이 통신이나 인터넷으로 대체되고, 기업의 광고우편물이나 청구서도 통신이나 인터넷으로 대체되면서 산업의 규모가 급격하게 줄어들었다. 그러나 물류 유통의 증가로 소포의 취급 물량이 늘어 나면서 우편산업을 대체하고 있다. 이러한 현상 때문에 우체국에서는 택배업에 손을 대고 있으나 기존 택배 전문기업과의 경쟁이 불가피한 상황이다. 우편 처리 및 전달에 관련된 인력은 소포 처리 부문으로 일부 이동했지만, 소포 처리의 자동화, 전산화, 기계화로 이동할 수 있는 인력은 극소수에 불과하다.

소매업은 유통구조의 변화와 정보의 공개라는 가격비교의 여파로 직접적인 타격을 입은 분야가 되었다. 앞서 지적한 바와 같이 대규모 소매업은 공정산출량과 상품구성 전환으로 어느 정도까지는 어려움을 극복할 수 있겠지만, 소규모 소매업은 별다른 대안이 없이 태풍을 맞은 상황이다. 최근 대기업의 대형할인유통망이 골목상권까지 들어오고 있지 않은가? 인터넷 상거래의 대체 대상이 아닌 고가의 전문점Shop, 차별화된 음식점 등은 비교적 타격이 적겠지만, 공산품을 파는 소매점은 인터넷 전자상거래와 TV 홈쇼핑, 예외 마케팅 기업과 격전을 피할 수 없게 되고, 결국 90% 이상의 소매점이 문을 닫아야 할 것이다.

금융 산업도 인터넷으로 구조 자체가 완전히 개편되어 가면서 인터넷 금융결재시스템, 모바일 금융결재의 디지털자동화로 다양화되고 바뀌어가고 있는 산업이다. 미래의 금융업은 전문적인 능력을 가진 소수의 직원이 운영하는 기관이 되고 모바일통신산업과 흡수 통합될 것이다.

이미 변혁은 시작되었다. 증권의 경우 HTS의 사이버 거래의 비중이 50%를 상회하면서 수수료 인하 경쟁이 시작되었다. 자연스레 증권사의 지점에 근무하는 영업 관련 인력이 감축되기 시작하였고 이러한 인력감축이 더욱 가속화될 것이다. 은행, 보험 등 2차, 3차 타금융부문도 예외는 아니다. 인터넷 뱅킹이 활성화되면서 수수료 인하 경쟁이 시작되었다. 그동안 전국을 커버하는 지점망을 바탕으로 영업하던 은행이나 보험사는 인터넷혁명이라는 저인력·저임금·고효율 측면에서 시점을 감축하지 않았는가?

新유비쿼터스Ubiquitous의 통신, 인터넷+TV 디지털컨버전스T.digital convergence시대에 생존 비결은 평범을 뛰어넘는 전문성뿐이다. 디지털혁명이 진전될수록 고용시장은 고효율 저인력 저비용으로 이동하면서 혁신과 격변을 반복한 것이다.

이와 같이 사라지는 직종도 있겠지만 지속적으로 발전을 거듭하고 유지되는 직업분야도 있다. 그 대표적인 예가 공연예술분야로 연극은 무대세트, 프로그램 콘텐츠, 홍보, 광고 등이 체계화되고 관객들의 대리만족과 옛날의 향수 등을 느낄 수 있기에 오히려 더욱 성장하고 있는 분야이다. 음반 산업도 사양 산업이기는 하지만 라이브로 진화를 거듭하고 있다.

현대의 산업화가 기술혁신을 통해 이룩되었다면 21세기는 문화가 세계의 경제와 국제 경쟁력의 중심 가치로 자리 잡고 있다. 그 중심에 종합예술인 영화산업이 있는 것이다. 발전되는 기술과 시설, 신세대의 창의력과 배우를 포함한 영화인의 꿈을 대학이란 교육과정을 통해 인적자원을 배출하고 있는 것이다. 21세기로 접어들면서 우리 영화의 산업적 규모가 확대되어 한국 영화산업은 급속한 성장을 이루었고 관객 수 기준으로 최근 6년 동안 약 3배 증가하여 2003년 총 관객은 약 1억2천만 명에 달하였다. 이 중 한국 영화 관객은 같은 기간 동안 5.8배 증가하여 외화의 성장폭 1.5배를 크게 앞지른 것으로 나타났다. 2004년 초에는 한국 영화 〈실미도1108만명〉, 〈태극기 휘날리며1174만명〉, 〈왕의 남자1230만명〉, 〈괴물1301만명〉이 각각 1000만 이상의 영화 관객을 동원하면서 각종 매체에서는 한국영화 1000만 관객시대가 열렸다고 보도하고 있다. IMF 이후 경기 침체 속에서도 지속적으로 확대되고 있는 한국 영화산업은 성장 산업으로 주목받고 있으며, 한국 영화의 높은 자국영화 점유율과 성장폭이 전체 산업 규모를 키우는데 중요한 역할을 하고 있다. 한국영화의 성장과 더불어 외국영화 관객 역시 동반 성장하면서 한국 영화산업의 규모는 최근 몇 년간 급속히 성장한 것이다. 이로 인해 국내 기업들이 문화산업에 눈을 돌리는 계기가 되기도 했다. 영화산업은 현재 외국영화 수입자유화로 인한 외화의 물량공세를 통해 잠시 주춤하지만 곧 대항력을 찾아갈 것이고 영화진흥정책개발을 재촉할 것이다. 이러한 노력의 결과가 〈국가대표〉, 〈해운대〉 등이 아닌가 싶다.

일반적인 회사에서는 조직 충성도보다 직무 충성도가 중시되면서 회사와 내가 더 이상 '우리'가 아니라 독립적인 각각의 개체로서 존재하게 되고, 평생직장의 개념이 사라지고 평생 직업으로 전환되고 있다. 디지털혁명이 어느 정도 진전된 미국에서는 이미 전직이 일상화되고 있는데, 1997년 한 해 동안 실리콘밸리의 하이테크 종사자 4명 중 1명이 직장을 옮겼으며, 1998년 미국 근로자의 현 직장 근속년수는 평균 3.8년에 불과할 정도다. 그렇다면 2008년 미국의 전체노동시장의 평균 이직률은 평균 6회 이상으로 나타났다. 직종간 임금격차도 심해졌다. 정보통신 관련 직종 및 지식 집약적 산업의 근로자와 여타 업종 및 단순직간의 임금격차도 갈수록 확대되었다. 미국의 경우 1997년 정보기술 생산 분야의 근로자 1인당 연간 평균임금은 약 5만 3,000 달러로, 전체 평균인 약 3만 달러를 크게 상회한다.

10년이 지난 지금 국내 직장환경이 미국을 답습하고 있다. 구조조정에 의한 이직과 다운쉬프트downshift족의 등장은 매우 높은 이직률을 사회에 반영하고 있다. 즉 새로운 직장을 찾는 메뚜기족, 직업유목민족들이 증가하고 있다는 것이다. 이제는 누구나 정보와 지식에 접근할 수 있게 되면서 적당한 학력은 더 이상 장기근속을 허락하지 않고 능력의 잣대가 되지 못한다.

클린턴 행정부 시절 노동 장관을 지냈던 로버트 라이시는 "미국의 노동시장은 지나치게 유연하다. 노동의 유연성이 경제에 도움이 되지만 침체시기에는 독이 된다."고 FTFree trade에 말했다. 미국실업률은 9.8% 상승한 반면 서유럽은 실업률이 1~3% 감소했다.

구조조정의 광풍이 지나갔는가 싶더니 다시 대기업들이 2차, 3차의 강도 높은 구조조정을 계속하고 있다. 이러한 현상을 두고 어떤 사람들은 경제가 전반적으로 불황 국면이기 때문이라고 말한다. 그렇다면 경기가 좋아졌을 때 다시 과거처럼 될 수 있을까? 영화 〈박하사탕〉에서 "나 다시 돌아갈래!" 하고 내뱉던 주인공 영호의 절규는 과연 이루어질 수 있을까? 쌍용자동차의 해고 노동자 그들은 어디로 갔을까?

대량 해고가 유행처럼 번지던 1990년대 초에 미국의 노동자들은 그 이유를 불경기의 탓으로 돌렸다. 그러나 1990년대 후반부터 미국의 경기가 아주 좋아지게 되었을 때 대량 해고되었던 노동자들은 다시 과거의 일자리로 돌아갔던가? 한국도 마찬가지다 90년대 말에서 2000년대 초 IMF시절 대량해고 되었던 그들이 경기가 좋아졌을 때 다시 온전한 직장으로 돌아왔는가?

18세기 말 영국에서 농촌을 떠나 도시의 공장으로 몰려간 농민들은 낯선 공장에서 노동에 제대로 적응하지 못해 많은 고초를 겪었지만 다시 농촌으로 돌아간 사람은 극소수에 불과했다. 19세기 중반 미국이 농업사회에서 공업사회로 변모하고 있을 때 들판에서 자유롭게 일하던 대형농장의 1차 산업노동자들이 대거 도시로 이주하면서 아날로그시계 초침의 톱니바퀴처럼 틀에 박힌 공장 노동자의 생활에 실증을 느꼈지만 그들이 다시 과거의 대형농장의 1차 산업기반으로 돌아갔다는 기록은 그 어디에도 없다. 멕시코1980년대, 아르헨티나1990년대는 한때 한국보다 잘사는 국가였으나 IMF를 우리 보다 앞서 경험한 나라들로 IMF 이전 전형적인 대형농장의 농업사회에서 도시형 산업으로 발전하면서 도시로 쏠림현상이 일어났었다. 이들의 내력도 도시로 올라왔다 다시 농장으로 돌아간 사례는 별로 없다.

잘 살아보고자 새로운 직업을 찾아 이주가 시작된 1965년대부터 기회를 찾아 서울로! 서울로! 부산으로 끊임없이 대도시로 이주한 한국의 농민들이 IMF 경제위기와 연이은 구조조정의 태풍을 피해 다시 고향으로 돌아간 사례는 거의 보고되지 않았다. 오히려 자금력이 있는 일부 사람들이 귀소본능에 따라 고향으로 돌아간 사례는 있다.

모래시계의 모래처럼 역사의 수레바퀴는 결코 거꾸로 돌아가지 않는다. 한번 바뀐 사회는 이미 뿌리를 내려 단단해져버린 큰 나무나 콘크리트처럼 바뀐 모습 그대로 고착되어버리기 때문에 과거로 되돌릴 수 없다. 되돌릴 수 없는 것을 애써 되돌리려고 한다면 변화의 수레바퀴에 깔려 중상 또는 사망하게 되거나 변화의 저항자로 낙인 찍혀 퇴보하게 된다. 왜! 단단한 콘크리트 바닥 맨땅에 헤딩하려고 하는가?

앞으로 모든 조직의 구조조정은 너무나 일상적인 관행이 될 것이다. 위에서 아래로 떨어지는 폭포의 거센 물살을 거스르기에는 물살의 힘이 너무 거세다. 그러므로 구조조정이 일반화되는 시대에 살아가려면 적어도 자신부터 변화시키지 않으면 안 된다. 조정과 레프팅의 차이처럼 게임의 룰이 바뀌면 그 룰에 맞게 자신을 변화시켜야 한다. 그렇지 않으면 링에 오르지 못하거나 참패를 당하는 처지가 되기 쉽다.

우리는 20세기에 올 것 같지 않았던 밀레니엄millennium시대인 새로운 21세기의 서막을 경험하며 살아가고 있다. 벌써 2010년대가 되었다. 2015년~2020년도 가만히 앉아있어도 그렇게 오게 되어 있다. 오는 세월에 물려줄 유산 하나없이 절벽 위에서 떠오르는 태양을 그냥 맨손으로 맞이할 수만은 없다.

스스로를 변화시키며 미래를 준비하지 않으면 미래는 결코 미소 띤 모습으로 다가오지 않을 것이다. 지금 뭔가를 시작하지 않는 사람은 2015년이 되고 2020, 2030년이 왔을 때 자신의 운명을 주노석으로 이끌어 나가지 못하고 여전히 남들의 손에 맡긴 채 한숨만 쉬며 살아갈 것이다.

조정과 래프팅처럼 이제 정말 게임의 장과 룰이 변하고 있다. 일자리에 자신을 맞춰 나가던 시대가 아니라 개인의 능력과 취향에 따라 일자리를 스스로 만들어 가는 시대가 우리 앞에 전개되고 있다. 그러나 '악성 귀차니즘'이나 아직 준비되지 않은 사람은 결코 스스로 자신의 일자리를 만들 수 없다. 지금 당신은 5년 후를 위해서 무엇을 준비하고 있는가? 초심으로 돌아가라! 미래는 자유를 찾아 진정으로 원하는 자신의 삶을 위해 남겨진 소중한 시간이요, 자산이다. 그 미래를 위해 우리는 먼저 자신을 구조조정하고 혁신할 수 있어야 한다.

돈 없이 오래 살면?

"돈 때문에 지속적으로 삶의 고통을 받아 본 사람들이라면 공감할 것이다."

서민이라고 하는 평범한 보통의 사람들에게 있어 결코 자신이 원한 적이 없는 수명 100세 센터내리언centenarian시대에 돈 없이 오래 사는 것도 자유경제체제 아래서는 삶 자체가 지옥이 될 것이다.

오래 산다고 무조건 좋아할 일은 아니다. 자신이 경제력을 가지고 있다면 좋아할 일이지만, 힘없고 병약한 몸으로 삶을 연명하기 위해 어쩔 수 없이 하찮은 일이라도 해야만 한다면 어찌 하겠는가? 눈 감는 날까지 말이다!

현역에서 은퇴하기 전 자신이 무료급식소에 줄서기를 하거나, 이 사회에서 소외된 일을 하겠다고 생각했던 사람은 이 땅에 단 한 사람도 없을 것이다.

언제까지 정부가 공공근로사업을 전개할 것이라 생각하는가?

그렇다면 공공근로사업을 할 수 있는 노동력은 있는가?

언제까지 가능하겠는가?

나의 노후와는 상관없는 일이라고, 우리 자녀들은 아니라고, 나하고는 전혀 상관없는 일이라고, 그럴 일 없다고, 늘 생각하지만 상관없고, 아닌 일이 되겠는가? 우리는 늘 스스로 발등을 찍고, 찍히고 살 때가 많다. 노력하고 준비하는 사람들은 늘 겸손하여 자신도 예외가 아니라는 사고를 가지고 살아간다. 필자가 늘 언급했듯이 주변에 귀를 기울이는 배움의 겸손을 놓고 다니면 아무도 진정으로 자신을 돕지 않는다. 이렇게 손을 펴 내밀고 잡아 주는 사람들이 없다보니 기회도 오지 않는 것이 현실이다.

이러한 사회에서 현실적으로 손을 펴 나누는 예외경제의 멤버십이 미래를 위한 대안으로 기회일 수 있다.

"평범하다면 먼저 가서 멤버십을 형성하라"

미국 캘리포니아에 '레드우드' 라는 참나무가 있다. 이 참나무는 수명이 2~3천년쯤 되며, 높이가 100m을 넘고 둘레도 8~9m나 되는 큰 나무다.

이렇게 큰 나무가 어떻게 비바람을 이겨내고 장수할 수 있었는지 연구하다가 나무 밑을 파 보고는 중요하고 매우 놀라운 사실을 알아냈다. 이 덩치 큰 나무는 뿌리를 깊이 박고 다른 나무들과 서로서로 연결되어 있었다. 그 까닭에 어떤 악조건의 기상 변화 속에서도 견딜 수 있었던 것이다.

경제활동의 어떤 개인이나 사회조직 또는 네트워크 유통조직도 마찬가지이다. 자기 혼자서는 사회시장 환경에 비바람이 불어 닥치는 악조건, 유혹과 시련이 세차게 불어오면 부딪혀 넘어질 수 밖에 없다. 그러나 네트워크라는 공동체를 통해 함께 살아갈 때 서로가 힘이 되어 평범한 개인들도 기득권 세력에 대한 대항세력으로 힘을 가지고 자리 잡을 수 있다. 이렇게 네트워크 조직 속에서 몸을 밀착해서 자리를 잡아 간다면 경제를 비롯해 급

변화되는 모든 사회, 가정 환경에서 환난과 시련, 어려움을 극복할 수 있는 대안이 된다. 이는 평범한 개인들의 비전 트렌드이다.

'퀵스타quixtar'라는 사이트가 문을 열자 삼성 대기업이 상품을 저렴한 가격에 런칭했다.

'앤비즈몰Nbizmall'이 문을 열자 제로마켓이 제휴를 했다.

왜? 무엇 때문에? 답은 바로 '충성 멤버십' 때문이다.

게릴라 멤버십과 충성 멤버십

'구매력을 가지고 있는 집단성 공동구매력'이란?

이윤추구를 목적으로 하는 기업의 입장에서 절대 포기할 수 없는 0순위가 바로 멤버십이다. 개인들의 막강한 힘인 멤버십에 기업들이 요즘은 생존 본능적으로 몸을 낮추어 접근하고 있다.

고객에 대한, 고객을 위한, 고객에 의한 멤버십은 기업의 생존력과 직결된다. 때문에 사회 모든 조직과 문화, 개인이 그룹화化되는 멤버십을 기업은 충성스런 고객확보를 위해서 적극적으로 구축해 나가고자 한다. 그러나 자신의 이윤에 따라 움직이는 소비자는 게릴라 소비자에 가깝고 이를 어떻게 충성스러운 고정고객으로 만들 것인가? 라는 물음은 기업의 영원한 숙제인 것이다.

온라인상에서 멤버십은 게릴라 멤버십으로 쉽사리 만들 수 있지만, 이동률이 크기 때문에 기업의 입장에서 진정한 멤버십이라고 할 수는 없다. 그러나 오프라인에서 착실하게 짜여진 NET멤버십은 각각의 학연, 지연, 혈연, 감성지수EQ, 공존지수NQ, 도덕지수MQ, 사회성지수SQ 관계성 등으로 묶여있어 온라인상에서 만들어진 멤버십의 매듭처럼 쉽사리 풀어지거나 이동하지 않는 차별화된 가치이다.

고정고객 확보를 위한 기업의 멤버십으로 CGV 멤버십 회원, 팬 친화구장을 만들기 위한 롯데 부산사직구장 멤버십 제도, KT의 쇼 멤버십, 코레스코콘도프레지던트 멤버십, 삼성 디지털 멤버십 등 우리사회 수없이 많은 멤버십 카드와 회원제가 난무하고 있다.

중앙일보 고객 멤버십사이트jjlife.joins.com, 조선일보 멤버십사이트 모닝플러스morningplus.chosun.com 등 언론도 멤버십이 대세다. 동아일보사가 직접 판매의 선불통신상품을 주력으로 하는 종합유통기업 'N' 社와 제휴를 맺었던 일 등이 모든 일들이 결국 이 사회가 멤버십이 대세라는 것을 말하고 있다.

2010년 5월 한국의 N사의 화상영어VOIM ENGLISH 교육콘텐츠, 2009년 9월 A사의 건강기능식품 브랜드인 뉴트리라이트가 공중파 TV, 라디오 광고 캠페인을 시작했다. 이는 직접판매의 이미지 개선과 차별화, 특성화 전략으로 자사의 네임 브랜드를 자산으로 구축하기 위한 수단이며 사업자들의 멤버십에 긍지를 심어주기 위함이다.

한국경제매거진의 경우 국내 물류 주력의 A사세제, H사생활소비제, N사화장품, N사,통신주력 H사건강기능식품 등의 수많은 회사와 IBO사업자, 상품을 소개하는 기사와 온·오프라인 멤버십 등을 다룬 프로슈머라는 잡지를 발행하고 있다.

개인 개미군단

흔히들 개미군단하면 경제, 투자 개미군단을 생각하는 경향이 많다. 그러나 개미군단은 멤버십일 뿐 경제적 의미가 아님을 생각한다면 충분히 공존공영을 통해 힘과 뜻을 모아 좋은 일, 뜻 깊은 일들을 생각해 볼 수 있다.

개미군단 장학회로 '화양장학회'라는 곳이 있다. '화양장학회'는 기존 장학회의 운영방식이 아닌 매년 기금을 모금하는 방식을 이용한다. 특히 1구좌당 3만원이라는 저렴한 기부금으로 지역민들의 참여를 유도할 수 있으며 한 사람의 뜻이 아닌 많은 사람들의 뜻 모아, 힘 모아 참여하는 '우리'라는 공존성 네트워크 장학회라 하겠다.

멤버십에 경제성의 이윤 추구만이 아닌 도덕성과 건전한 사회성까지 포함하고 있다면 이는 우리 사회 서민들에게 무한에너지로 힘의 원천이 될 수 있다.

앞으로 5년 후

자신의 미래에 대해 깊이 생각해 본 적이 있는가?

앞으로 5년 후의 개인과 사회경제상황을 고려해 본 적은 있는가? 노후는 준비해 놓았는가?

"제발 다 안다고 하지 마라. 배움의 겸손을 놓고 다니면 그 누구도 당신에게 정보의 손을 내밀지 않을 것이다."

5년 전 전세 보증금을 빼서 그 돈을 가지고 집을 지을 수 있었다고 가정해보자. 건축도면도 친구로부터 무료로 제공받아 설계도면을 가지고 집을 짓기 시작했다면 지금쯤은 새로운 집에서 행복한 삶을 살고 있을 것이다. 그럼 5년 전으로 돌아가보자! 설계도면을 가지고 어떻게 할 것인가? 이 때 고민을 접고 결단하고 준비했다면 집도 장만했을 것이고 지금은 생활이 분명히 나아졌을 것이다. 그러나 도면을 가지고 행동하지 않거나 집에 대한 가치를 모른다면 5년 전이나 지금이나 별반 다른 것이 하나도 없을 것이다. 아니 오히려 집을 장만하지 못했으니 더 힘들어져 있지 않았겠는가?

　이런 기회가 예외 마케팅이란 이름으로 또 다시 우리 앞에 기회로 다가왔음에도 준비하지 않으면 이번에는 돌이킬 수 없는 보릿고개의 그 옛날, 내일을 걱정하며 한 끼 먹으면 한 끼를 걱정하고 굶는, 늘 돌아서면 배고프고 걱정하던 과거의 모습이 내 앞에 놓일 수 있다.

　혹 예외 마케팅의 정보를 받아가는 길의 구체적인 도면이 준비되어 있다면 이제 길을 가기 위해 행동해야 한다. 이 길은 노력으로 가능하다. 왜 노력도 해보지 않고 포기하는가? 왜 가보지도 않고 어렵다고 하고 가 본 것처럼 말하고 행동하는가?

　예외경제 안의 네트워크 마케팅이란? 직거래의 판매방식으로 이 길은 리스크risk가 없다. 마이너스(-)에서 시작하는 제도권의 기존 시장경제와는 다르게 처음부터 현명한 소비로 출발하기 때문에 플러스(+)에서 시작할 수 있다. 누구나 투자 가능한 열정과 시간 그리고 약간의 경비로 시작해서 5년 후의 미래를 충분히 준비할 수 있다. 이런 일이라면 더 이상 망설일 이유가 없다. 그런데 왜 망설이는가? 자존심! 체면! 편견! 더럽거나 혹은 쪽팔려서?

　미래 사회에서 감정, 감성과 연관된 직업과 신체와 연관된 사업은 어떤 사업도 소비자의 필요에 의해 사라지지 않는다. 이외의 모든 것들은 바뀌고 변할 것이다. 전쟁도 이제 오프라인이 아닌 온라인 네트워크 중심의 전쟁 방법과 기술로 이루어질 것이다.

예외 마케팅을 재조명하며

"기존의 동질성 안에서 남보다 뛰어나다거나, 더 좋다고, 더 잘 한다고 하기보다는 최선을 다해서 열심히는 하되 다르다는 차별 성, 바로 예외적일 때 우리는 독립성을 갖고 따로 생각하게 된다."

시대에 따른 다른 차원의 '다름', '예외적인 마케팅'이 시장에서 승리할 것이다.

전 세계 인류의 역사 속에 생명력이 질긴 산업분야는 의약품, 섹스매춘, 도박, 마약, 주류알코올, 종교, 상담, 교육, 근대화 이후 다 단계와 통신커뮤니티는 수요가 있기에 없어지지 않고 소비자 니 즈에 의해 팔려 나갔다.

다수의 사람을 법의 규정 아래 규제하고 가둬둘 것인가? 강력 하게 억제해야 할 것이 있는가하면 육성장려로 법제화해야 할 것 이 있는데 그 중 하나가 예외 마케팅이다.

중국 정부는 100년이 넘도록, 미국은 약 40년 간 마약을 강력하게 규제하기 위해 노력해왔다. 그러나 여전히 마약은 음성적으로 거래되고 있는 것을 볼 때 사람들이 원하고, 소비가 존재한다면 없어지지 않는다는 것은 진리다. 그러나 마약은 개인의 건강뿐만 아니라 국가와 사회적인 정체성의 사고思考, 가치관의 혼란을 준다. 이는 무질서로 인해 사회질서가 무너져 혼란이 오기 때문에 당연히 법으로 강력하게 규제해야 한다.

한편 병원에서 수술용 마취제, 몰핀의 경우는 꼭 필요하여 유용하게 쓰이고 있다. 무조건 나쁜 것은 아니라면 사용자나 용도가 어떻게 쓰이느냐가 더욱 중요한 것이다.

편견과 선입견으로 내용과 상황을 파악하지 않는다면 수술대 위에 놓인 환자를 마취 없이 수술하여 쇼크사 시키고 말 것이다. 우리가 직접 경험하지 못한 선진 新유통도 제대로 된 내용을 파악하지 못한다면 FTA가 가속화되면서 국가는 물론 서민들의 미치는 경제여파는 쇼크사로 이어질 가능성이 매우 높다.

선진국으로 가면 갈수록 자유경제의 경쟁시대가 도래하면서 가끔 우리가 불법이라고 생각하는 것들이 합법화되고 주류가 되기도 한다. 이렇게 개인의 선택에 따라 장소에 따라서 불법과 합법 사이를 오고 갈 수 있는 대표적인 것이 도박이다. 복권, 증권은 사행성의 요소가 있어 도박과 흡사한 유형이라고 볼 수 있지만 국가가 관리감독을 하고 있기에 합법이다. 전형적인 도박은 카지노라는 사업으로 포장해서 합법화하여 관광특구/특별도시, 특별법을 만들기도 한다.

또한, 미국의 금주령은 '프랭클린 루즈벨트'시절 무효화된 이후 오늘날까지 조세법으로 합법화되고 있다. 여러 국가들에서는 매춘이 합법화되어 음지가 아닌 양지에서 관리하기도 하고, 어떤 국가에서는 담배를 마약으로 규정하여 규제하기도 하지만 스위스는 2008년 국민투표를 실시하여 마리화나 흡연은 부결되었지만 헤로인 중독자에게 헤로인 사용은 합법화되었다. 네덜란드는 강성마약은 규제하지만, 연성마약인 대마초와 마리화나 등은 모두 합법이다.

즉, 법의 기준은 시대와 국가에 따라 소비자의 니즈와 수요에 따라 바뀐다는 것이다. 그렇다면 앞으로 5년 후의 법질서와 경제 상황 그리고 소비와 시장지배구조는 어떤 모습으로 변해 있을까?

예외경제를 발빠르게 인식하지 못한다면 언젠가 예외경제가 제도권의 기준경제로 가시적 경제권 안으로 진입한다면 시장성은 사라져가는 것이다. 특히 네트워크로 짜여진 구조는 바꾸기가 불가능하다는 것을 기억해야 한다.

만화영화, 미래영화 등에서나 볼 수 있었던 하늘과 바다에서의 자유로운 꿈의 이동수단은 개인이 바다와 하늘을 자유롭게 날아다니는 스쿠터, 자동차의 출현으로 1인 비행시대가 도래할 것이다. 그리고 석유를 대신하는 대체에너지는 다양해질 것이기에 석유산업과 소비구조, 생활에너지 생산 자원이 녹색에너지로 바뀔 것이다. 소비와 유통구조도 정보공유와 교통, 통신의 발달로 중간상인이 없어진 다이렉트 판매방식으로 전면 개편될 것이다. 이렇게 경제의 장벽은 사라져 완전히 자유로워질 것이며 시장의 지배구조와 계층이 확연히 구별되어 부와 명예를 가진 자는 자유로워질 것이고 없는 자는 스스로 속박 당할 것이다.

회귀의 역사의 정점에 놓인 新유비쿼터스Ubiquitous시대 이후 격동의 시대가 찾아오지 않는다면 5년~10년 이후 신분을 대변하는 부의 경제지배구조로 완벽하게 짜인 판은 더 이상 그 옛날 신분 사회와 같이 앞으로 1000년 동안 변하지 않을 것이다.

만약 미래, 과거, 현재의 모습을 대변하는 미래학자, 사史학자, 경제학자를 모셔놓고 미래시대에 대한 지배구조의 결론을 도출하고자 한다면 어떤 결론이 나올까?

약육강식의 먹이사슬식 완전구조체는 피라미드구조와 같다. 주인과 머슴의 상하고저가 존재하는 경제 권력이 정리된 먹이사

<계층 도표>

장년 사회·직장 사회

20% 상류층

80% 서민층

1995년대까지 자신이 노력하면
상류층으로 진입가능.

청년/여성 사회·직업 사회

5% 상류층

95% 서민층

2000년대까지 자신이 노력하면 가능하지만
특별한 능력이 필요함.

고령화 사회·지식 정보화 사회·나눔 네트워크 사회

1% 상류층

99% 서민층

2010년부터 상류층으로 통행금지

슬식 구조는 법제화된다. 관습법으로 또는 관습법과 성문법의 부연적인 상관관계로 제도화된다면 경제피라미드 구조의 상위에 한발 먼저 포진한 자들이 권력이 되어버린 상황이 전개된다.

이런 상황에 더 이상 꿈과 비전 없이 평범해서 수동적으로 행동하는 보통의 사람들이 처한 가난이란 외부적 사회 환경요인은 개인이 어떤 운명적인 도구를 만나지 못한다면 더 이상 시대가 주는 기회, 변화는 기대하기 어렵다. 국가도 사회에 물의를 일으키지 않는 한 개인의 가난과 불행에 깊이 관여하지 않을 것이다.

이코노미스트에서는 미래는 정보가 공유될수록 자신이 속한 사회, 직장에서 일거수일투족을 감시받고 통제 당할 수 있다. "미래는 부자를 제외하고는 프라이버시를 즐길 수 있는 사람이 거의 없던 과거와 비슷해질 것이다." 라고 말했다.

나의 5년 후

계속 순환하는 2호선 열차를 타고 있다면? 나의 5년 이후 미래의 목적지를 가기 위해 지금 지하철 환승역에서 열차를 갈아탈 타이밍에 놓여 있다는 사실을 기억해야한다. 지금 당장 목적지공항역가 있는 종착역 바로 9호선으로 갈아타길 바란다.

변화되는 시기는 지하철 환승역에서 노선을 갈아타는 것처럼 인생의 여정을 갈아타지 않으면 삶은 뒤돌아가는 수고로 고단해진다.

아주 외진 섬마을에서 올라온 김씨 아저씨가 강변역에서 2호선을 타고 간다. 김씨는 김포공항에서 비행기를 탑승해야 하는 사람이다. 동대문역사박물관 2호선 환승역에서 많은 사람들이 환승하는 4호선으로 남들이 우르르 몰려가는 곳을 무작정 따라간 곳은 자신의 이정표의 행선지와는 전혀 상관없는 곳이 될 수 있다. 때론 대다수의 사람들이 가지 않는 5호선의 길이 가치관의 정답이기도 하다.

"지금 내가 서있는 곳이 5년 뒤 내가 있을 곳을 결정한다."

흔들리지 않고, 불안하지 않은 사람은 없다. 우리 모두 불안한 시간을 보내기는 마찬가지다. 특히 2030세대는 더욱 그러하다.

그러나 성공한 극소수의 사람들은 자신의 시간을 실패한 순간으로 흘려보내지 않을 수 있었던 것은 꿈을 향한 간절한 목표의 구체적인 비전을 가지고 긍정의 마인드로 혹 잘못 들어선 곳이 지도를 만들지 않을까 노심초사하며 자구책을 간구하여 준비하고 있었기에 외부적인 기회가 주어졌을 때 최선의 노력을 다할 수 있었다.

과거의 상황과 현재의 모습을 통해서 보다나은 미래를 위해 항상 열린 마음으로 귀한 정보와 시대의 변화를 역행하지 않으며 받아들인 결과가 5년 뒤 인생의 전환점을 맞이하게 했다고 하겠다.

이런 마인드라면 집안의 가장으로서 또는 2030 젊은 세대 어느 누구라도 흔들리는 시기를 버틸 수 있다.

가끔 우리 인생은 시행착오로 흔들려야 비로소 바로 설 수 있다. 나쁜 경험이라도 노하우를 쌓아 성장하게 만든다.

시행착오의 시기는 빨리 경험하는 것도 좋다. 생각하고 몸을 움직여 시도하고 실패하는 다양한 경험이 약이 되고 해답이 되어 성장 발전 촉진제가 된다. 자신을 돌아보고 아는 것은 자신의 단점을 확인하고 장점을 알아 이를 개발하여 잘 할 수 있는 것을 찾는데 아주 효과적인 방법이기 때문이다. 게다가 직접 몸으로 겪어 체득한 경험의 노하우는 평생 사는 동안 잊혀지지 않

는 귀중한 자료가 된다. 자의든 타의든 상관없이 흔들려보는 것
또한 똑바로 서는 일의 중요성과 해법을 깨닫는 방법론이 될 수
있다.

중요한 것은 적당한 지식·지능의 IQ가 아닌 꿈과 연관된 감
성지수EQ, 열정지수PQ, 또 다른 PQ인 인간성지수Personality
Quotient로 이것이 성공지능의 80%목표달성 능력이다. 타고난
지식성능 IQ와 감성지능EQ를 높여 습관을 만들고 자신의 모든
가능성을 시험해 보라.

참고로 80%계발가능한 감성지능EQ, 인성지능PQ, 도덕지수
MQ와 인간관계지수NQ로 선택한 일에는 지식적 IQ로 선택한 일
보다 후회가 적거나 없음을 기억하라.

인생에서 어떤 일을 선택할 때 그 결과가 자신에게도 이익이
되고 다른 사람에게도 이익이 되는 상호 WIN—WIN의 NQ적인
일이라면 그것은 '지혜'이다. 반면 IQ지식은 '어떻게?'라는 질문
에 대한 해답이며 지혜는 '왜WHY?'라는 질문의 해답에 대한 탐
색이다.

미래사회가 진전될수록 단순히 지식이 있다고 해서 성공하는
시대는 아니라는 것이다. 지식이 있다고 혼자서 할 수 있는 일은

그다지 많지 않다. 지혜는 나의 5년 후를 위해 최선의 수단으로 최선의 목적을 추구하는 현명한 판단과 결과를 만든다는 것이다.

미래사회가 학력 사회가 아니라 실력과 능력사회라면, IQ보다 PQ, SQ, EQ, MQ, NQ가 중시된다. 특히 MQ도덕지수를 바탕으로 PQ인성/열정지수, SQ사회성지수, EQ감성지수, NQ인간관계/네트워크지수를 올곧게 세워나갈 때 후회하지 않는다는 것이다.

성공하는데 특별한 능력지혜, 특별한 실력지식이 필요한 것이 아니다. 10Q중에서 끈기, 오기, 독기를 가지고 몇 가지 지수를 높이는 일은 단순하지만 미래의 유쾌한 결과를 얻기 위한 공격적 요소이기도 하다.

"최고의 방어는 선제공격"

"최고의 방어는 선제공격"

"싸움에서 선빵이란? 승패를 좌우하는 매우 중요한 선택이고 순간이다." — 2아웃 루킹존 —

"과거 조선시대이순신, 현대시대정주영 국운이 걸린 미래를 선점한 예외 조선造船트렌드, 앞으로 미래시대 우리의 국운이 걸린 예외유통트렌드"

우리가 존경하는 조선시대 선조宣祖 때의 이순신1545~1598년 장군, 한국 산업발전의 일등공신 故정주영 회장 등을 연상해본다면 이해하기 쉬울 것이다.

조선의 맹선 체계에서 감히 상상할 수조차 없는 거북선이라는 철갑선은 만들기까지 수많은 시행착오와 실패의 경험을 반복하며 이겨낸 AQ역경지수, 조선의 당시 시대상으로는 감히 생각해 볼 수 없었던 CQ창조성지수, 느낌을 실행으로 옮기는 EQ감성지수와 PQ열정지수, 서로 도와가며 만드는 NQ네트워크지수적인 사건으로 시작해서 마지막에 IQ로 결과를 만든 산물이다.

오늘날과 같이 조선소, 제철소가 없던 조선시대에 철갑선거북선

을 만들려는 생각은 시대적 배경으로 볼 때 실현 불가능한 당시
로서는 엄청난 사건이었다. 이는 지식적 기반인 IQ에서 시작된
일이 아님을 알 수 있다.

서산 방조제 공사

1980년대 시작된 서산 간척지 사업은 총길이 7,686m의 방조제
를 축조하여 총면적 4,600여만평의 간척지를 조성하는 엄청난 대
역사드라마였다.

서산 방조제 공사의 물막이 단계에서 9m에 달하는 조수간만
의 차와 초당 8.2m의 빠른 유속으로 더 이상 둑을 쌓을 수 없
는 난관에 부딪혔다. 집채만 한 바위덩어리조차 흔적 없이 쓸어
내 버리는 유속은 어떠한 장비로도 속수무책이었다. 당시 수많
은 교수, 건설, 토목, 장비, 구조설계전문가들의 조언을 듣고 다양
한 방법을 사용했다. IQ지식에 의존해서 이 문제를 해결해 보려
고 노력했지만 해결되지 않았다. 이때 故정주영회장은 밀물과 썰
물의 빠른 물살을 막기 위해 고철로 된 23만 톤t급길이 322m, 높
이 27m 폐선박 유조선을 끌고 와 물을 가득 담아 가라 앉혀 물막
이 공사를 마무리했던 사건이 있었다. 이후 이와 같은 방법을 두
고 '정주영공법'이라고 부른다. 이 공법이 지식으로 가능한 일이

였던가? 일단 한 번 해보자는 PQ열정, 느낌이라는 픽션fiction의 EQ감성가 만들어낸 성과이다.

한국의 최초 조선소 건설비용 문제는 어떤가?

현대 직원들이 외화를 차관하여 조선소 건설비용 문제를 해결하려고 백방으로 노력했지만 아무도 해결하지 못하자 직접 정주영회장이 영국을 방문해 영국 바클레이즈 은행 관계자들 앞에서 주머니 속 거북선이 그려져 있는 500원짜리 지폐를 꺼내어 놓았다.

"전세계 국가들 중에 지폐에 철갑선을 그려넣은 지폐가 있느냐? 우리 민족은 400년 전부터 이런 철갑선을 만들었던 조선boat/craft에 저력 있는 민족이다."

이렇게 500원짜리 지폐의 거북선으로 영국에서 8000만 달러의 외자 유치를 이뤄낸 신화적인 일이 단순히 지식적인 설득으로 가능한 일이라 생각하는가? 그리고 백사장 사진 한 장으로 두 척의 배를 수주해 내는 그의 대단한 능력 등은 창조성지수CQ 안에 열정지수PQ와 감성지수EQ, 사회성지수SQ, 인간관계지수NQ가 더욱 중요한 역할을 했음을 알 수 있다.

세상은 지식적인 IQ만으로는 좋은 결과를 기대하기 어렵다. 도덕적 MQ지수의 토대위에 지혜로 이어질 수 있는 CQ, EQ, NQ, PQ, SQ가 나의 미래를 결정하는 데 절대적이다.

행복한 삶을 설계해 나가는 맵핑인생설계에 숱한 고민과 갈등으로 흔들리는 정보화시대의 디지털모바일세대들이 스스로 답을 찾아가는 데 힘이 될 만한 조언을 제시하라면 필자는 다양한 분야에 탁월한 능력과 연구지식을 갖추라고 하겠다. 그것이 아니라면 도덕적MQ지수의 토대위에 지혜로 이어질 수 있는 CQ, EQ, NQ, PQ, SQ를 요구하는 예외 마케팅에 미쳐보라고 말한다. 예외마케팅은 전세계 미래학자들이 유통의 마지막 트렌드이며 꽃이라고 말하고 있다.

21C 新유비쿼터스ubiquitous의 감성시대에 누구나 느끼게 되는 가난이란 극빈층의 심리적 불안, 고령사회의 연출로 노후에 대한 불안, 새로운 환경과 인간관계 속에서 직면하게 되는 다양한 고민과 적응장애의 원인을 알려주고 스스로 해답을 찾아갈 수 있길 이 지면을 통해 당부 드린다.

한국 사회에서 아직까지는 예외 경제인 네트워크 비즈니스의 무엇이 전 세계로부터 주목을 끌게 하는지 궁금하지 않은가?

이 사업에서 국내의 성공한 자를 본 적이 있는가?

정부의 입장을 생각해 본 적은 있는가?

혹, 말로만 듣던 유통선진국의 성공한 네트워크마케터를 현지에서 직접 본 적이 있는가?

만약 그런 기회가 있다면 시대의 흐름을 정확히 읽을 수 있는 아주 좋은 경험과 기회가 될 것이다. 요즘 홈쇼핑을 가끔 보고 있으면 중국, 태국, 말레이시아 등 외국에서부터 들여온 상품들이 넘쳐난다. 내수경제만을 외치던 시대는 파장으로 끝난지 오래다. 계획경제니 뭐니 해도 변화되는 환경은 결국 자유무역, 자유경제로 갈 수밖에 없는 것이 현실의 대한민국이다. 글로벌 시장경제원리에 맡겨야 한다는 것이다.

지난 반세기 동안 지속된 광고의 전성시대에는 지속적인 경제성장과 끝이 보이지 않는 소비자들의 욕구, 거기에 텔레비전과 매스미디어의 힘이 결합되어 모든 소비자에게 직접 TV, 라디오, 조선·중앙·동아·한국 등의 일간지를 통해 공중파광고를 하면, 브랜드 인지도와 매출은 자연스럽게 증가하는 마법의 공식이 통했었다. 그러나 이러한 광고 중심의 마케팅 전략은 더 이상 통하지 않게 되었다. 광고의 바다에서 정보의 파도 속에 사는 현대는 넘쳐나는 광고, 홍보의 혼수상태다. TV프로그램 한 편을 보기 위해서는 수십 편의 광고를 봐야 한다. 밖에 나가면 지하철 전동차 틈새, 전봇대, 길바닥, 의자, 심지어 에스컬레이터 손잡이까지 사람의 시선이 머무는 곳이라면 광고가 난무하고 있다. 이는 기존

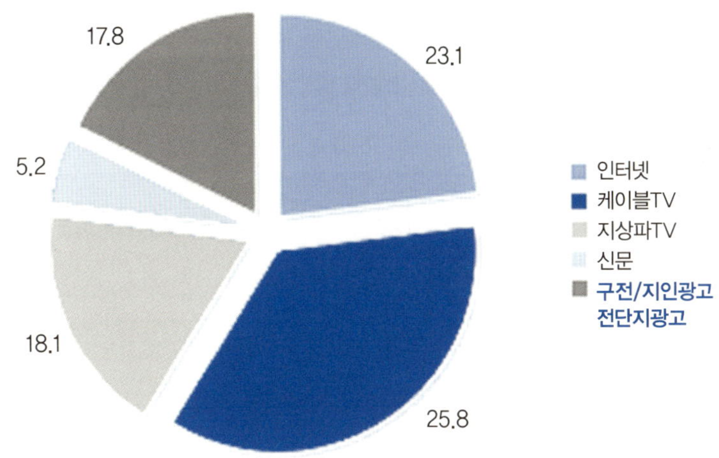

4대 매체TV, 라디오, 신문, 잡지광고의 포화를 증명하는 것으로써 기업은 더 이상 넘쳐나는 광고로 인해 마케팅 효과를 기대하기 어렵게 되었고 소비자들도 그만큼 신뢰성이 무디어지고 있다는 것이다. 이는 기존 매체를 통한 광고의 한계를 말해주고 있는 대목이다.

또한 소비자들은 광고를 보고 있을 만한 마음과 시간적 여유도 없고 여간해서는 광고에 귀를 기울이지 않는다. 더불어 디지털 리모콘시대 입맛대로 채널을 돌려가며 광고를 피해 채널을 옮겨 다니는 시청자들 더욱이 신세대들은 구시대의 기존 광고에 식상해 하고 있다. 오늘날 이른바 탈소비형 소비자post—consumption consumer들은 필요한 물건을 어느 정도 다 가지고 있고, 원하는 제품도 그다지 많지 않다. 이들에게 구매력을 형성하고 정보를 주기 위해서는 뭔가 새로운 방식이 필요하다.

넘치는 물건과 범람하는 정보에 둘러싸인 소비자는 실증적인 체험과 구전을 통해 검증 채널을 바꾸고 있는 것이다. 이런 현상으로 기업도 체험수기 구매집단의 구전광고의 힘을 금전적 대가를 지불하고서라도 최대한 이용하려한다. 이는 소비자마케팅 비용을 실제로 인터넷 카페나 블로그를 통해 마케팅을 담당하는 소비자에게 환원하는 저비용 고효율의 현명한 마케팅방식인 것이다.

소비자와 생산자 서로의 니즈에 따라 마케팅의 방법적인 부분들이 구전에 의한 현명한 직거래 방식으로 전환되고 있는 것이다.

역사상 이렇게 하루가 다르게 급변하는 시대를 경험한 세대는 아마도 없을 것이다. 이런 인생의 가장 치열한 시점을 통과하고 있는 평범한 디지털모바일시대의 사회인들에게 예외 마케팅과 비즈니스 정보는 큰 힘이 되어줄 것이다.

선진국들일수록 예외 마케팅을 보는 시각이 관대하고 친화적이다. 그런데 왜 우리에게는 많은 생각을 하게 하는지?

80년대에 우리는 국민소득과 유통체계와 소비정신이 준비되지 않은 상태에서 너무 빨리 들어오게 되면서 변질 되어 사회에 물의를 일으켰기 때문이었다. 그러나 예외경제가 틈새시장에서 혁신하면 분명히 기준경제로 자리 잡게 된다.

미래 新유비쿼터스Ubiquitous의 감성지식정보화사회이하 : 감성사회에서 성공적인 인생설계를 하기 위해 알아야 할 능력의 집합체인 습관을 만들고 다양한 실천 방법을 통한 자기관리는 앞으로 5년 후 재미있고 쉽게 신세대들이 현 상태에 대한 분석과 결과를 말해 줄 것이다.

세계는 지금 초단위로 변화하고 있다. 지난 수천 년간 인류문명과 역사가 결집한 총 정보량이 정보지식 사회에 진입한 이즈음의 1일 생산 정보량에도 미치지 못할 정도로 우리는 급격한 변화의 시대를 살고 있는 것이다.

따라서 유통의 흐름과 지식, 정보, 교육, 사회와 경제 모든 분야 또한 하루가 다르게 변화하는 세계 속에서 글로벌마인드를 가지고 새로운 의미와 기준을 가져야 한다. 초기의 교육목표는 어떤 일을 하기 위한 준비를 갖추는 것이었다. 그러나 오늘날의 교육은 학교에서 뿐만 아니라 직장과 지역사회에서도 이루어지는,

이를테면 평생교육과 생활 속에서 이뤄지는 생활교육을 목표로 하고 있다.

현대 정보화시대 이전의 모든 학생들에게 부여된 임무 가운데 하나는, 사실을 기억하고 그 사실이 요구될 때 필요한 것들을 꺼내 쓰고 반복해 내는 것이었다. 그러나 오늘날은 컴퓨터와 인터넷, 매스미디어의 디지털 컨버전스로 그러한 일들을 쉽게 해낸다. 그렇다면 이제 우리는 감성의 영역인 오감, 창의력, 직관, 독창성, 통찰력을 가지고 정보를 유용하게 사용하는 지혜의 능력을 계발하여야 한다.

시대를 알고 나를 아는 지피지기면 백전백승 또는 백전불패라고 했는데 적어도 나를 알아야 이 시대에 뒤처지지 않고 앞서서 뚫고 나갈 수 있다.

우리는 항상 '나는 누구인가?' 라는 질문을 스스로에게 끊임없이 묻고 생각해 본다. 갈수록 경쟁력을 키워 살아남아야만 하는 이 세상에서 나에 대한 철저한 분석조차 없이 스스로 경쟁력을 키워 나가지 않는다면 최고가 될 수 없을 뿐 아니라 살아남을 수도 없다. 때문에 자신과 시대에 대하여 철저히 분석하고 경쟁력을 키워나가는 일은 꼭 필요하다.

경쟁력을 키워나가려면 먼저 자신의 내부적 환경요인인 강점과

약점을 생각해보고 외부적 환경요인인 기회와 위협을 살펴보고 여러 가지로 전략을 도출하여 실천해야 한다.

CQ라고 하는 창의성은 감동과 초월성, 번득이는 통찰력을 바탕으로 하여 확대되며 생산적인 과정을 통해 늘 새롭고 유용한 아이디어를 산출하는 고도의 정신기능이라 정의되고 있다. 이러한 창의성은 개인에 따라 차이가 있으며, 아무리 훌륭한 창의적 잠재력을 가지고 태어났다 하더라도 어떠한 기회와 계기로 인해서 계발하지 않으면 그 능력은 발현되지 못한다.

新유비쿼터스ubiquitous의 감성사회의 필연적 비즈니스인 예외 마케팅은 외부적 환경으로 우리에게 주어진 기회와 계기의 전환점이다.

감성사회의 불안정성을 긍정적으로 역해석하면 가능성과 기회란 말로 바꿀 수 있다. 급변하는 이 시기에 삶의 방향이 결정된 것이 거의 없기 때문에 상류층으로 갈 수 있는 무한한 가능성이 열려 있다. 이 시기를 어떻게 보내느냐에 따라 다가올 천년의 세월속의 자손대대로의 인생이 달라질 수 있다. 이런 이유로 그물처럼 짜여진 인간관계와 일상의 기술을 개발하고, 자신에 대해 깊이 이해하며 자의적 삶을 위한 기초적 토대를 마련해야만 앞으로의 인생이 즐거워질 것이다.

　직접판매의 예외 마케팅은 열정과 의욕, 불안과 혼돈이 혼재되어 있는 마지막 유통의 과도기이자 무한한 가능성을 보여주는 기회의 도구이다. 이 시기에 인생설계mapping를 잘해야 이후의 삶을 성공자로서 주도적으로 원하는 모습을 완성해 나갈 수 있다.

　미래학적 관점과 이론을 기반으로 깊이 있는 통찰력을 가지고 시대를 현명하게 보내고 성공적인 인생설계를 할 수 있는 구체적인 방법으로 네트워크 비즈니스의 미래를 제시하고자 한다.

네트워크 마케터 女性성의 니즈

감성 커뮤니케이션, 비주얼visual, 일시적인 수평적 시대에 기본적으로 네트워크에서 성공할 수 있는 모든 준비조건을 갖추고 있는 여성의 성향은 절대적으로 남성들보다는 우위를 점하고 있다. 첫째, 예외마케팅에서 요구되는 수평적 상호소통에 있어 여성은 관계성이 뛰어나서 관계를 맺고 싶어 한다. 둘째, 대부분의 여성은 타인 중심적이라는 것이 극명하게 나타나는데 여기서 예외 마케팅에 필요한 타인, 가족 중심적이기 때문이 유리하다고 할 수 있다. 셋째, 여성은 책임 중심적이다. 넷째, 여성은 '그룹 시각'을 갖고 있다최소 단위가 '우리'. 다섯째, 여성은 개인의 성과보다 팀의 성과를 중시한다. 여섯째, 여성은 남성에 비해 '구전口傳의 힘'이 강하다고 한다. 마지막으로 여성은 근본이 비주얼visual적이다.

여성들은 어떤 상품과 서비스에 만족한다면 누가 권하지 않아도 스스로 걸어 다니는 마케터 역할을 자처한다는 커다란 매력이 있다. 이러한 행동의 결과에 예외 마케팅은 수당을 지급한다.

이렇게 여성이 네트에 가장 적절한 성향과 체질적 요소를 가지고 있어 실제로 예외 마케팅에서 여성들이 두각을 나타내며 그

녀들의 성공이 전 세계적으로, 국내에서도 많이 이루어지고 있
는 실정이다.

플로리다 피터스버그 출신의 '젠루'는 미국을 대표하는 여성
네트워커로 알려진 인물이다. 그녀는 텍사스기술대학 사회학 석
사로 고급인력이였으나 1980년 네트워크 마케팅과 인연을 맺어
현재는 경제적인 자유와 시간의 자유를 누리고 있는 인물이다.

'낸시 페일러' 또한 남편 돈 페일러와 함께 30년 동안 네트워
크 비즈니스에 파트너십으로 종사하고 있으며 성공한 이후《여성
사업자여 자신을 고용하라》는 저서를 발간하기도 했다.

네트워크 마케팅에서 성공한 사업자로 오레곤주의 포틀랜드에
서 가족과 함께 살고 있는 '리자 스트링펠로우'. 그녀는 네트워크
마케팅 경력 20년이 넘는 베테랑으로 여러 대기업들을 위해 크리
에이티브 디렉터 경력과 컨설턴트, 작가, 강연가로 활동하고 있다.

비행기와 로터스 에스프리 터보 자동자, 보트 그리고 스키별장
등을 소유하고 있는 전직 목사였던 N사의 천만장자 마크야넬과
수녀였던 부인 '레니레이드야넬'그녀는 동기부여가로 수많은 강
연과 저서를 발간했으며 현재도 꾸준히 집필활동을 하고 있다.

미국은 부부사업자가 많다. 이러한 현실을 감안할 때 여성들의

성공사례가 많지만 한국인들 사이에서는 주로 동기부여가로 활동을 많이 하는 남성들이 더 주목받고 언급되는 듯하다.

예외 마케팅 경력 20년이 넘는 '안젤라 무어'는 이 분야의 전문가이자 활발한 강연 활동을 하고 있다. 《성공적인 네크워크 마케팅 회사 설립Building a Successful Network Marketing Company》의 저자이며 자신의 컨설팅 회사를 가지고 있다. 마케팅 전략과 고객 획득, 회원 유지 및 국제적인 시장 확장 그리고 여성 마케팅을 전문으로 하고 있다.

국내에서도 2000년대 들어서 '젠루, 레니레이드야넬, 리자 스트링펠로우, 낸시 페일러'처럼 성공한 여성 네트워커들이 탄생했고 앞으로도 계속 이러한 성공은 이어질 것이다.

참고로 전 세계적으로 약 800만 명 정도의 여성 네트워커가 있는 것으로 추산 되고 있다.

지금의 예외마케팅은 타이밍timing적으로 이 시대가 개인에게 주는 최고의 선물로 현재의 전환기적 기회를 놓친다면 개인의 경제적 위험은 더욱 가중될 것이다. 물론 가족과 가계家繼로 이어지는 가난을 막을 수 없다. 또한 네트워크 비즈니스를 적극 수용하는 여성들을 통해 남성과 여성의 사회적 위치가 뒤바뀌는 여성상위시대는 페미니즘시대로의 급속한 진입과정에서 남성과 여성의 경제적 역할 모델이 뒤바뀌고 발언권의 입지와 그녀들의 권위가 커져가고 있는 실정이다.

α걸, β걸의 등장과 함께 여성 인력의 고용 비중도 지속적으로 확대되고 있다. 디지털화의 진전에 의해 서비스산업의 부흥은 친절과 감성의 접근성이 뛰어난 여성들의 전유물이 되고 그녀들의 성품이 필요하게 되면서 회사의 지속적인 성장을 위해서 기업의 입장은 많은 여성인력을 고용할 수밖에 없는 상황이 전개되고 있다. 따라서 여성이 근무할 수 있는 여건도 개선되고, 하나의 기업문화로 조성되고 있는 현실이다. 생활의 기계화, 디지털화로 여성의 가사노동 부담이 감소하고 재택근무나 시간제근무 등이 확산되는 것도 소호족의 증가 또는 여성고용을 증가시키는 요인으로 등장하고 있다.

정보 공유의 인터넷시대에는 전문지식이 가장 중요하다. 거기에 새로움에 도전하는 열정, 네트워킹 능력 등도 함양해야 한다. 그래야 인터넷시대를 현명하게 살아갈 수 있다.

여성들의 타고난 성향의 유리한 장점들로 인해 예외 마케팅에서 고속성장하고 있는 지금 남성들이 뒤처지지 않으려면 그녀들보다 더욱 노력하고 준비해야 할 것이다.

예외 마케팅에 성공하려면
자신의 인생 성공 전략을 세워라

꿈과 목표에 대한 로드맵을 작성하라.

목표를 향해 전진할 수 있는 실행 항목을 정하라.

1억 이상을 투자해서 창업하여 장사 경험만 수년된 베테랑으로 조심스럽게 돌다리도 두드려보고 건넌다는 심정으로 컨설팅을 진행하면서 혹자는 여러모로 배운 것이 많았다고 한다.

장사도 오래 했고, 성공도 했고, 남들보다 앞선 감각을 가졌다 해도 대부분 자영업 가게를 운영하는 사람은 나무만 보고 숲을 보지 못하기 때문에 객관적으로 공정한 외부 전문가의 진단이 필요하다.

창업컨설팅에서 전문가 또는 객관적 자기경영진단을 통해 냉정한 평가를 내리는 것은 영업 활성화의 기본 덕목인 것이다.

현재 진행하고 있는 고객을 위한 일반적 서비스가 과연 고객의 입장에서 만족스러운지의 판단 여부인데, 이는 시행착오를 겪지 않겠다는 것보다 혹, 잘못된 서비스가 고객으로부터 안 좋은 인식을 불식하기 위한 접근이다.

오너가 보통 이 정도의 마인드라면 결코 실패할 까닭이 없다. 컨설턴트가 본인보다 연하라도, 장사 경험이 미천하여도 적어도 전문가로 인정하고 어떤 내용이든지 열린 마음으로 받아들이겠다는 겸손한 자세를 지니면 분명히 좋은 결과가 나온다.

일부 투자가 필요한 행사, 필요한 기기설치 이러한 준비가 고객의 무료함을 재거해주고 흥미유발과 재미를 줄 수 있다면 분명 대박이다.

우선 목표를 세우고 거기에 맞는 투자금액이 얼마나 소요되는지? 참고로 투자금액이 없거나 작고, 가치가 크면 더더욱 좋은 일이다. 가게 위치가 적당한지? 고객 유치는 어떻게 할 것인지? 주력품목 설정 등등의 계획을 세우고 서비스 품목의 다양성과 종합적인 구성은 어떻게 할 것이지? 원가를 절감할 수 있는지? 원가 절감한 부분을 어떻게 사용할 것인지? 정확한 진단을 하고 관계기업의 벤치마킹이 가능한지? 시장 조사를 해보면 반드시 성공할 것이다.

"뼈를 얻고 싶으면 먼저 자신의 살을 내줘야 한다." 경제적으로 풀이하자면 돈이 되는 뼈는 자신의 살과 같은 시간, 노력, 열정을 줘야 얻을 수 있다.

그러기 위해서 꼭 지켜야 하는 최소 20~30가지 생활수칙을 만들어 지켜라.

국내 네트워크 사업자들을 보면 너무 안일하게 사업을 하는 경향이 있다. "어떻게 되겠지! 막연한 기대는 시간만 좀먹는다." 이 세상에 쉽게 거저주워 먹는 일은 없다. 그럼에도 불구하고 예외 마케팅 사업만하면 너무 쉽게 일확천금을 노리며 월천만원을 노래하면서도 습관과 행동은 한심한 경우를 많이 보게 된다.

기존의 일반적 사업과 네트마케팅이 다르다고 생각하는가? 아니다. 기본적 골격인 회사와 사업이라는 근간은 같다. 때문에 방식이 약간 다른 것뿐이다. 시장 환경 조사는 기본이고 자신의 주제파악을 하고 근면, 성실, 겸손, 인내, 결단력 이러한 것들과 일정기간 초기교육과 마케팅홍보, 최소한의 영업, 자료준비 등등은 모두가 필수적인 요소이다.

왜, 예외 마케팅은 다르다고 생각하는가? 파이프라인사업으로 평생 상속까지 된다고 한다면 오히려 더 열심히 노력하고 더 잘 준비하여야함에도 불구하고 너무 안일하게 자기 멋대로 진행하려는 경향이 없지 않다. 물론 함께 하는 사업이기에 자신의 잘할 수 있는 영역을 잘 감당하면 되겠지만, 일반사업처럼 분명히 공식이 있다. 잘난 척하고 자기 멋대로 진행하는 사람은 빠른 길을 나두고 멀리 돌아가게 된다.

습(실제/오프라인)과 학(이론/온라인)

학습의 과정과 수고가 있어야 성공한다

"자기 자신에게 투자하라."

"투자란 학습을 위한 시간 투자에서 출발한다."

"학은 배움의 과정이고 습은 경험의 과정이다."

어떤 사업이든 방법을 알아야 한다! 지피지기知彼知己이면 백전백승百戰百勝이라 했다. 배움과 경험의 적을 알면······.

정보가 지식으로 가기 위해서, 자신의 것이 되기 위해서는 일정한 숙성이 필요하다.

집을 짓는데 필요한 도면을 준비하고 건축법을 익혀야 건물을 잘 세우는 것처럼 어떤 일이든지 방법과 과정이 필요하다.

"우리 주변에서 일어나는 모든 일들은 알아야 면장도 하는 것이다."

식탁위의 밥을 대수롭지 않게 생각할지 모르겠지만 밥을 먹는데도 이와 같이 방법과 과정을 거친 것이다. 아무리 쉬운 일에도 배움의 과정의 단계를 건너뛰면 결국 문제가 발생한다. 예를 들어 탈곡과정과 정미과정을 거치지 않았다면 밥 먹는 일이 늘 조심스럽고 곤욕일 것이다.

별일 아닌 것같은 밥 먹는 일에도 배움의 과정인 학습이 존재했기에 오늘날 우리는 쌀을 씻고 밥통에 앉히는 몇 가지 과정만 거치면 쉽고 편안하게 밥을 먹을 수 있게 되었다는 사실을 알고 있는가?

그 옛날 우리 조상들은 벼농사에서 쌀을 수확하여 밥상에 오르기까지 여러 단계의 88번과정을 학습하고 땀 흘리는 수고의 과정을 거쳐야만 비로소 온전한 밥을 먹을 수 있었다.

쌀의 정보를 받았다면 벼농사부터 밥 짓는 방법까지 두루 거치고 알아야 온전한 밥을 먹을 수 있었다는 것이다. 이처럼 초기 단계의 예외 마케팅 시장에서 정보를 받았다면 기초부터 시작해서 일정한 과정을 거치는 동안 착실하게 배우고 경험한 것을 노력해서 얻은 이후 밥먹는 과정이 쉬워지는 것처럼 예외 마케팅도 초기에 배워야 잘 할 수 있다.

비즈니스의 모든 영역에 걸쳐 연습은 두려움이나 불안을 없애주는 자기극복의 역할을 한다. 자신이 선택한 직업을 잘해 나갈 수 있을 때까지 반복적으로 학습하며, 연습하는 과정을 즐겨라.

자기 훈련만이 미래를 보장한다

"노력은 기본이고 잘할 수 있는 스킬을 배우고 만들자"

직장에서 자신의 능력과 일을 인정받기 원하는 자라면 누구나 노력은 기본이다. 특히나, 자신이 직접 투자한 사업이라면 노력은 말할 것도 없다.

수련이란? 앞으로의 성공을 위해 오늘을 희생하는 것이다. 따라서 결정을 내릴 때마다 그 결정이 가져올 장기적인 결과를 고려해야만 하고 이를 위해 자기만의 시간을 가져야 한다. 어떤 결정이 내려지면 지체하지 말라. 성공하기까지 아니 성공한 이후라도 튼튼한 몸과 마음, 아름다운 외모를 갖춰라. 불로 소득이나 노동이 없는 권리 수입은 세상에 존재하지 않는다. 때문에 강력한 노동 윤리를 바탕으로 배운 것을 행동하고 실천하라. 단, 생각하면서 자기 자신에게 헌신하라.

성공의 구성 요소는 자발적인 네트워크 마케터에게 필요한 자기 헌신에서 비롯된다. 즉 비전을 위해 끝없이 헌신하는 자발적인 태도 말이다.

배우는 것을 게을리 하지마라 — 끊임없는 평생학습

"사람을 감동시키는 문구는 짧은 단문에 있다." 자사의 상품라인 생활용품, 뷰티, 헬스케어, 교육, 통신 각종상품의 학습에 있어서, 최고 학습은 각 상품마다 카탈로그화化로 정형화시키는 것이다.

전단 작업을 하다보면 상품을 전달하는데 짧은 단문으로 바쁜 현대인에게 짧은 시간에 전달하고자 하는 내용의 효과적인 방법과 메시지가 떠오르기 마련이다.

상품을 정형화시키는 작업 이전에 우선 회사와 그 유산에 대해 깊이 배우고, 비즈니스와 보상 제도에 대해 철저한 학습이 선행되어야 한다.

성공하는 태도를 계발하는 방법

"예외 마케팅은 실패하기 때문에 포기하는 것이 아니고, 포기하기 때문에 실패하는 것이다."

성공하는 태도를 계발하는데 첫 번째 조건이 포기하지 않겠다는 확고한 신념이다. 이런 신념을 기초로 능력배양도 필요한 것이다.

두 번째 칭찬과 격려의 사려 깊은 말로 "말은 현대사회에서 강력한 경쟁력이다."

말을 많이 하는 것과 잘한다는 것은 분명한 차이가 있다. 말의 양이 많으면 실수도 많다. 따라서 말은 양이 중요한 것이 아니라 질이 매우 중요하다.

호감을 얻는 매력적인 말은 다른 말로 효과적인 언어구사 능력이다. 때문에 자신이 의사전달 하고자 하는 목적에 맞게 명확하게 하려면 말의 선택과 시기를 고려해야 한다.

네이밍naming과 타이밍timing에 따라 대박과 쪽박의 차이로 나눌 수 있다. 대박이 되고자 한다면 칭찬과 격려로 상대를 최대한 기분 좋게 하기 위해서 생각하며 말할 수 있는 능력을 키워야 상대를 감동 시키고 호감을 받아 내편으로 만들 수 있게 된다.

세 번째 긍정적인 마인드이다. 네트워크마케터의 성공 태도 중에서 옥석을 가려내는 작업인 훌륭한 파트너를 발굴하고 선택하는 방법은 매우 간단하면서도 중요하다.

동료될 파트너를 선택할 때 최우선시 되는 것은 무엇보다 긍정적인 사람이다. 긍정의 태도를 소유한 사람을 가까이 두어라. 그러면 좋은 일, 좋은 상황과 직결되고 늘 좋은 결과를 가져올 것이다.

몇 해 전에 전 인류는 미국에서 발사한 우주선의 고장 난 파편이 어디에 떨어질 것인가? 하는 '스카이랩 공포'에 사로잡힌 적이 있었다.

컴퓨터의 측정에 의해서 밝혀진 바로는 스카이랩의 파편이 호주 땅에 떨어질 것이라는 소식이 전해졌다. 그 소식을 들은 호주 사람들은 대개 두 가지의 서로 다른 반응을 보였다. 어떤 사람은 만일 스카이랩의 파편이 내 재산과 토지 위에 떨어지면 많은 손실을 보게 될 것이 두려워서 떨었고, 또 다른 사람은 스카이랩의 파편이 우리 토지 위에 떨어지면 아주 훌륭한 우주의 기념품이 될 것이라고 생각한 것이다. 그 당시 미국의 샌프란시스코 일간지에서는 1만 달러의 현상금을 내걸고 스카이랩의 파편을 주워오는 사람에게 주겠다고 알렸다. 결국 어떤 호주의 젊은이가 그 파편을 주어 상금을 탔다고 하는 외신보도가 있었다.

똑같은 현실 속에서 일어나는 똑같은 현상을 앞에 두고 어떤 사람은 부정적인 말과 반응을 보이는가 하면 어떤 사람은 긍정적인 말과 태도를 취한다. 모든 일에 대해서 긍정적인 태도와 적극적인 자세로 임하는 것은 좋은 결과를 가져오기 때문에 무엇보다 중요한 것이다.

"기다리면 빼앗긴다." 최선의 방어는 한발 앞선 공격이다.

축구에서 공격수가 공을 기다린다면 빼앗기기 마련이다. 공을 기다리지 말고 움직이면서 앞서나가야 기회가 오는 것이다. 종종 TV 축구중계를 보면서 느끼는 것 중에 하나다. 사업도 마찬가지이다.

천재적인 실력의 뛰어난 공격수라면 공을 받기 위해 좋은 위치를 잘 선점하지만 일반적인 실력의 선수라면 끊임없는 움직임의 노력이 없다면 기회를 빼앗기게 된다.

축구에서 공이 없을 때의 움직임이 중요한데 막연하게 내게 기회가 주어지면 잘할 수 있다는 사람은 막상 기회라는 공이 내게 와도 제대로 된 볼 터치와 컨트롤이 어렵다.

"변화에 민감한 태도"

시장의 불만, 불안, 부족, 불인정에서 오는 변화에 지식적인 것보다 때로는 자신의 감각적인 기능을 발휘하여 만족한 결과를 얻어낼 수 있다. 이는 긍정적이고 적극적인 자신의 느낌, 오감과 더불어 예감이라고 하는 직감육감을 최대한 활용한 결과다. 변화에 민감하도록 늘 귀를 열고 주의를 기울여야 변화에 민감한 직감적 반응을 할 수 있다.

주변 시장의 변화에 지금 처한 자신의 환경을 직시하는 예를 들어 사람, 툴, 시스템의 변화에 능동적인 자세와 긍정적으로 연상하는 습관은 변화에 대응하고 자신을 성장 발전시키는 자원이다.

환경적 요소가 주는 긍정적 효과

훌륭한 초기 대본을 작성한 이후, 사람은 환경에 지배를 받기 때문에 미래 파트너와 대화에 필요한 바람직한 외부적·내부적 환경을 늘 조성하는 것을 잊어선 안 된다. 이는 풍수지리와 경제지리, 지정학을 배우고 곰곰이 따지는 이유와도 같은 맥락이다.

프로는 당당하게 제시한다.

자신의 계획을 프로답게 제시하기 위해서 고객의 소망과 비즈니스 기회 간의 연결 고리loop를 찾아라, 즉 단순히 사업설명show the plan만 잘한다고 되는 것은 아니다. 효과적인 프레젠테

이션을 위한 그의 관심사가 무엇인지 파악해야한다. 그것이 파악
될 때 당당하게 제시할 수 있다.

새로운 리더를 지속적으로 관리하라

새로운 파트너new partner보다 새로운 리더new Leader감을
하루 단위로 관리하고 체크하면서 그의 성장을 돕는 것이야말로
자신의 사업을 그리고 파트너의 사업을 적극 돕는 것이 된다.

첫 만남에서 후속 만남을 준비하여야한다. 그런 준비가 없다면
다음에 만날 때, 얘깃거리와 화재가 모호할 것이기 때문에 반드
시 첫 만남에서부터 생각해 두어야 한다.

효과적인 후속 활동이 예외 마케팅 사업의 성공을 가름한다.

기존의 시스템을 이용하여 효율적으로 시작할 수 있는 전략을
제시하고 결과적으로 본인을 대신할 수 있는 이상적인 복제 시나
리오를 만들도록 하면서 동료가 자신있게 시작하도록 도와라.

전문성 있는 네트워크 사업자로 성장하려면 자세 하나하나 태
도 하나하나 좀 더 신경써야 하는데, 자세는 외적인 자세로 타인
이 보는 나의 모습이고 태도는 외적, 내적으로 나의 자세가 상대
를 대하는 모습이다.

21C사람이 사람의 마음을 얻는 일

가치관 정립 김삿갓

"방랑시인 김삿갓"

"가치성이 정립되지 않은 일은 매우 위험한 일이다."

책속의 김삿갓은 멋이 있다. 길을 가는데 어디론지 목적도 없이, 정처도 없이 발길 닿는 대로 세월 따라, 길 따라 그저 그렇게 유유자적하며 간다. 정처 없이 떠도는 김삿갓의 자유자적하는 모습은 풍유를 아는 남아로 멋지게 보이기도 했지만 잠시 한심하게 생각되기도 했다. 그러나 김삿갓은 목적지가 없었던 것이 아니다. 자기 안의 성찰을 위한 자신의 정체성을 찾기 위한 아주 구체적이고 명확한 목적지가 가슴 안에 확연히 존재했다. 현대사회에서 우리 인생과 연계해 보면 참으로 시사하는 바가 크고 배울 점이 많다.

"사람들은 길을 걸어간다."

모든 사람들이 직장 또는 직업을 가지고 삶의 길을 걸어간다.

길을 가는 이유는 단순하다. 내가 가기 위한 목적지가 존재하기 때문이다. 저 나름대로 푯대가 있다. 그런데 경험상 삶의 길은 그리 녹녹하거나 단순하지 않았을 것이다. 최상위 목적지가 설정되어 있지 않다면, 허상의 말은 번드르르 유창하게 잘도 하겠지만 가고자 하는 길은 어떤 가치가 있는 삶의 목적지가 아니라는 것이다. 대부분 늘 단순하게 넓고 편안한 안정적인 길만 고집하고 있다. 그 끝의 목적지는 그리 중요하지도 않고 다만 그저 편하면 그만이라는 '큰 집, 자동차, 고액 연봉의 안정된 직장, 아름다운 신부' 등의 일반적인 생의 안정성을 찾아 움직인다. 하지만 세상은 그렇게 호의적이지 않다. 그리 큰 꿈이 아니라고 생각했지만 가슴속에서 원하는 물질적 탐욕을 채우기에는 우리 자신이 감당해야 할 일이 너무나 많다.

열심히 노력하면 모든 것이 잘 이루어질 수 있을 것이란 막연한 기대를 가지고 살아 가지만 현실세계에서는 한계가 있다. 초등학교에서 대학까지 이후 군복무 후 취업 준비, 자격증 준비로 30년 이상 모두가 다 열심이지만 사회는 개인들의 성실한 노력에 대한 보상과는 거리가 멀다. 취업 이후에도 하루하루 전쟁이고 고역이다.

요즘 대학생들이 9급, 8급, 7급 행정공무원, 경찰, 소방, 교육공무원 등 각종시험을 준비한다. 거의 반수 이상이 공무원 시험공부를 한다고 해도 과언이 아니다. 여성들이 공부를 좀 잘하면 대부분 임용고시를 통해 또는 교대 입학을 학부모들은 권유한다.

공무원이나 교사가 되어야 하는 이유는 안정적이며 시집을 잘 간다는데 있다고들 하는데, 과연 글로벌 경제, 국제적 상황을 고려한다면 좀 과하게 표현해서 시대의 흐름을 모르는 부모가 자녀들에게 죽으라는 것과도 같다. 왜냐하면 대부분의 선진 국가들의 경우 교사가 임시직, 계약직, 파트타임의 상시직이기 때문이다.

FTA, WTO협약 등으로 교육 개방한다는 것은 무엇을 의미하는 것인가? 외국의 우수교육 시스템이나 학교들이 대거 들어오면 우리도 계약직이나 다른 형태로 돌아갈 공산이 크고 정부의 공교육에서 사교육으로 학원교육에서 온라인 인터넷교육으로 전환되는 작금의 현실에 비추어 보면 심히 걱정되는 부분이다.

의사 중 근래 가장 각광 받는 분야는 성형외과이다. 돈이 되니까! 산부인과는 잘 가려 하지 않는다. 왜냐하면 아이를 낳지 않기 때문에 수입이 적다는 이유 때문이다. 이는 가까운 일본의 선례를 보더라도 알 수 있다. 고령사회로 진입하면서 저출산과 맞물려 '산부인과 전문의' 의사 과잉공급에서 오는 문제였다.

직업의 선택과 목적을 가지고 방법론에 대한 심각한 고민을 하지 않을 수 없는 현실이다. 법조인이 되기 위해 고시공부를 하던 이들이 로스쿨의 등장으로 그동안의 고생이 헛고생이 되어 버렸다. 결국 처음부터 다시 시작해야 하는 상황이다. 물론 법조인이 되어도 미국이나 유럽의 사례처럼 2~3명 중의 1명은 먹고 살길을 걱정하며 다른 직종의 일을 찾아야 하는 판국이다. 공무원도 결코 안정권이 아니다. '구청, 면, 동사무소의 공인인증, 전자인증, 증명서 자동 출력기, 학교의 학위증명서Graduation Date와 졸업증명서Degree 자동출력기, 전자가판대 개념의 구청, 면. 동사무소'로 개편 된다면 구조조정에 의한 상시적인 인력감축과 합병 그리고 대체인력 개발, 물론 자기계발을 통해 능력을 갖춘 공무원들은 살아남겠지만 이렇게 정년을 보장 받았다고 치자 퇴직 이후 개인이 결코 원한 적이 없는 보너스로 앞으로 남은 약 30~40년의 노후 생활은 좀 나아지겠는가?

교사, 의사, 변호사, 공무원 전문직 종사자 들이 현재의 안락함을 이유로 시대를 안일하게 대처한 대가는 치명적일 것이다. 누구도 그 삶을 책임지지 않는다. 한번 뿐인 자신의 제한된 시간 속에서 노동제공을 담보로 한 때의 편안함을 얻기 위해 개인의 시간과 삶을 모두 바꾼다고 가정해 보자! 교사나 공무원이란 등등의 직업을 집, 차, 결혼, 노후를 위해 안정적인 기반으로 가치를 두고 있다면 물론 사업적인 일이기 때문에 잠시잠깐 일시적인 편안함은 얻을수 있을지 모르지만 다가오는 자신의 미래는 그렇지 않을 수 있다. 다 그런 것은 아니지만, 그 삶의 목적지까지는 잠시잠깐 자기 자신의 삶에 편안함만 있을 뿐이다. 가치가 없는 일은 결국 가치 없는 현실로 다가온다.

삶의 가치

"길을 가는 이유를 생각해 본다!"

"길은 목적지를 향해서 간다."

넓은 길, 포장도로의 안정된 길이 중요한 게 아니라 내가 가고자 하는 목적지를 갈 수 있는 길이 중요하다.

삶의 길에서의 목적지는 내 안의 가치이다. 요즘 사람들은 일상적인 물질적 목적만을 설정한 후 살아가는 경우가 많은데, 그럴수록 더욱 스트레스는 가중된다. 그 욕망의 끝에는 만족이 없기 때문이다. 대표적인 경우가 업소여성으로 속칭 '나가요'이다.

몇 년 전부터 한국의 청소년들 사이에서 비보이B-boy는 선풍적인 인기를 누리고 있다. 공중파 TV, 신문 광고 등 상업적으로도 많이 내 보낸다. 세계적으로 굵직한 최고의 B-boy대회에서 한국인들이 상을 독식하다시피 한다. 하지만 이러한 상업적 성장과 외국에서의 성공사례에도 불구하고 아직까지도 기성세대들의 구태의연한 사고를 가지고 있는 성인들은 할 일 없는 청소년들의 그저 그런 하위문화쯤으로 인식하고 있는 것이 현실이다. 그런 B-boy에 배어 있는 정신적 의미가 평화적이며 안식을 꿈꾸는 젊은이들의 창조성이 숨어 있다는 것을 아는 사람들은 드물다.

B-boy의 출현은 1970년대 말로 거슬러 올라가면 당시 흑인들이 뉴욕의 뒷골목에 자리를 잡고 있던 시대이다. 이러한 뒷골목에 남미의 경제 불황으로 먹고 살기 위해 불법 이민을 온 히스패닉 젊은이들이 많아지자 당연히 흑인들은 위기의식을 느꼈고 이것이 세력다툼으로 이어지면서 치열한 싸움이 생겼다. 이러한 와중에 브레이크댄스를 할 때만큼은 상호 휴전을 맺고 공격을 하지 않기로 했다고 한다. 하지만 브레이크 댄스를 하면서도 고난위의 춤으로 상대를 공격하며 승리를 맛보는 일들이 많아졌고, 이로 인해 더욱 고난위의 춤동작을 만들어 상대에게 보여 주고 승패가 갈리게 되면서 배틀battle이라는 이름이 만들어졌다. 그래서 B-boy팀 간에 기술을 보이며 승패를 결정짓는 명칭을 전투라는 의미에서 가져온 배틀battle이라 한다. 때문에 B-boy정신은 주체적이며 창조적일 수밖에 없다.

젊음의 정신은 자유롭기 때문에 어떠한 제약이나 구조적 틀이 있을 수 없으며 주로 길거리에서 이루어지기 때문에 무대도 형식을 갖출 필요가 없으니 춤을 좋아하는 젊은이들이 함께 하면 그만이다. 지하철역, 거울이 있는 건물 로비, 불빛이 비추는 공원, 넓은 광장 어느 곳이나 그들의 무대가 될 수 있다. 젊은이들이 춤을 추는 바로 그 곳이 그들의 문화를 발산하는 세상의 중심인 것이다.

이러한 흑인과 히스패닉계 젊은이들의 문화인 배틀battle로 성장한 미국의 신세대들의 춤을 우리 민족의 청소년들이 세계 최고로 성장하리라고는 그 누구도 예상하지 못했을 것이다.

현대사회에서 우리 청소년들이 열광하고 지향하며 세계 최고가 될 수 있었던 이유를 생각해 보면 국내의 청소년들의 사회적 환경에서 간단히 찾을 수 있다. 극단적인 입시 경쟁체제에서 자유롭게 무엇을 꿈꾸고 실현할 수 있는 통로가 여기저기 모두 막혀 있기 때문이었다. 꿈에 취해서 가치 있는 이유를 발견하면 성취 열정이 나온다. 그런데 한국의 청소년들이 꿈에 취하고 가치 있는 이유를 찾아 행복해지기란 쉽지 않다.

변화되고 국제화되는 세상에서 살아남기 위해서 너무도 단순하리만큼 입시공부를 강요하지만 그 성공이라는 최상위 대학이 그들이 본질적으로 추구하는 행복에는 맞지 않을지 모른다. 하루 10시간 이상을 책상에 앉아 또래의 친구를 경쟁상대로 적자생존의 힘겨운 일상에 직면해 있는 우리 청소년들의 막연하고 불안한 미래가 지난시절 미국의 뉴욕 뒷골목의 청소년들의 갈등관계와 유사하다.

지식정보화사회에서 공부를 잘 한다고 인생이 성공하는 시대는 끝났다. 과연 공부로 성공할 수 있는 학생이 얼마나 될까? 조금 비약해서 1만 명 중에서 1명도 되지 않을 것이다. 이런 레드오션 안에서 피 터지는 게임을 하는데도 성공을 장담 못한다!

우리 B-boy의 가장 큰 특징 중의 한 가지는 성인 중 그 누구도 청소년들에게 교본 따라 가르쳐 주지 않았으나 청소년들이 자발적으로 기술과 내용을 습득해 왔다는 것이다.

한국의 B-boy는 교본에서 가르치는 대로 있는 것 그대로 따라 하고, 달달 암기하여 모방하는 문화가 아니다. 세계 그 어디에도 없는 춤동작과 기술들을 자유롭고 창조적으로 자발적인 독창성을 기초로 해서 능동적으로 연출한 세계 최고 수준의 B-boy춤을 만들었다면, 어른들이 가르쳐주지 않아도 그들 스스로 평화와 공존, 성공의 가치실현을 위한 이유를 찾아 나갈 수 있을 것이라고 생각한다. 이와 같이 다양성을 기초로 한 선택의 자유로 인생진로에 필요한 독창성과 기술, 창조성이 충분히 갖춰지고 조화를 이뤄나갈 수 있다고 본다.

"재밌다. 좋다. 굉장하다. 멋있다. 딱이다." 한 두 단어의 말이면 모두 정리된다. 그들이 좋아하고 관심있는 그래서 잘 할 수 있는 것을 하게 하는 것이 좋지 않을까?

어떤 일을 행할 때 청소년에게 물어 본다. 그리고 난 후 상의한다.

아이들에게 묻는다.

"재밌나요?"

아이들은 답한다.

"좋다. 자신 있다."

긍정적 창조의 핵심은 기본적으로 자신 안에서 우선순위 중 최상위 가치를 가지고 있어야 한다. 이렇게 자신이 가치성을 정립하고 표현하는데 원초적 가치가 있는 것이다. 재미의 가치는 주도적 참여를 유발하고, 참여는 주체성을 가지게 한다. 스스로 참여하면 능동적으로 주인공이 되는 것이다. 청소년들은 자신들의 긍정성을 문화로 표현하고 이러한 표현은 개개인의 다양성에 의해 다르게 표현된다.

다양성은 창조의 핵심으로 지구상의 모든 것은 다양성을 가지고 있다. 지구상의 모든 사람 중에 똑같은 사람은 없다는 것이다. 같은 시간대에 태어난 쌍둥이도 확실하게 다르다. "다양성의 인정"은 창조성의 말살로부터 벗어나는 것이고, 다양성의 불인정은 획일적 계획경제 또는 공산주의 사고로 사람의 발전을 제약한다. 지금까지 유통의 다양성을 상기시키기 위해 한국의 B-boy를 소개했다. 어떤가? 아직도 다양성을 묵살해야 하는가?

"유통 경제의 다양성을 생각해 보자."

1차 유통에서 4차 유통까지의 다양성을 묵살하고 편방향적 논리를 적용해야 하는가? 아니면 다양성을 인정하고 현명한 소비자인 프로슈머가 되어야 하는가?

1차 유통에서 2차 유통으로 다시 2차 유통에서 3차 유통으로, 3차 유통에서 4차 유통으로 발전하며 이동하고 진화를 거듭하고 있다. 개인들은 오지 않을 것이라고 생각했지만 아이러니하게도 개인들과 생산자, 유통업자, 사회구조 속의 모두가 시대의 흐름을 1차에서 2차로, 2차에서 3차 유통으로 이동시킨 측면이 강하다. 그렇다면 3차 유통에서 4차 유통의 흐름으로 넘어 오리라는 것은 자명하다. 고정관념에 사로잡혀 우리의 선입견과 편견 때문에 아니라고 부정하는 예외경제인 감성마케팅의 큰 틀인 예외 마케팅이 결국 시대의 흐름이요 대세라는 인식의 전환이 곧 오게 되어있다는 것이 한국의 패러다임이다.

내 안의 다양성

정보화 시대는 인류에게 상당한 편의성을 제공한 반면 건강하지 못한 생활습관을 확산시키고 있다. 최근 한 연구조사에 의하면, 일주일에 5시간 이상을 인터넷에 몰두하면 인간관계의 친밀도가 33% 이상 감소한다고 한다. 최근 유럽의 미래학자인 '롤프 얀센' 박사는 정보화 시대 이후의 시대를 꿈과 감성을 파는 시대라고 예언했다.

이제 새로운 시대는 상품 자체를 파는 것이 아니라 상품의 내면에 있는 스토리를 파는 시대라는 것이다. 즉 공연문화, 영화, 종합예술, 예술미술, 음악, 무용, 희극제작자나 기업의 아름다운 사연이나 상징성, 감동과 가치가 담긴 제품이 잘 팔리며 미래의 핵심 지도자는 꿈과 감동을 불러일으키고 영감을 불어넣는 사람, 스토리를 잘 만들어내는 사람일 것이라고 했다. 그러므로 미래의 시대는 나름대로 건강한 시대가 될 것이다.

사실 네트워크사업은 감성이 풍부한 휴먼스토리적인 사업이다. 네트워크 비즈니스의 경험과 공부는 풍부한 휴먼스토리의 연속 상영을 보는 것과 같다.

성공한 네트워크마케터의 습관과도 같은 《Go Getter》 책 읽고,

Tape/CD듣고, 묵상하고 공부할수록 건강한 개인, 건강한 가정, 건강한 사회가 만들어진다.

대부분 아이들의 변화는 우리가 의도한대로 움직이지 않는 것처럼 이 사업에서 파트너의 변화도 스폰서와 업Up라인들의 의도한대로 움직이지 않는다.

파트너들은 어느 하나의 기계 부품이 아니다. 하나의 독립된 기계의 부품이 아닌 그 자체가 전체이다. 타인에 의한 목적에 의해 재단하고 제조하는 과정의 생산품도 아니다. 파트너는 소중하게 아껴주어야 할 생명 그 자체이다. 그 자체로 존중받아야할 가장 중요한 대상이며 자산이다. 그 자체를 있는 그대로 인정해주어야할 당위성이 있는 존재이다. 단지 내가 경험하고 생각했던 부분 중 상대에게 긍정적인 부분에 대해 소통하면 그만인 것이다.

소통이 아닌 강요와 통제, 지시, 명령을 통해 오로지 내가 생각하는 목적을 위해 빚어낸다면 생명에 대해 경시하는 것이며, 존재를 부정하는 것이다. 이는 강압으로 탈선을 재촉하며 비정상적으로 성장하도록 하는 행위인 것이다.

파트너에 대한 성장의 목적과 비전은 하늘에 의해 자연스런 환경에서 스스로 존재하는 것이지 일개 나와 같은 사람이 의도해서는 안 된다는 것이다. 다만 파트너들과 수평적인 관계와 수평적 대화를 행하며 최대한 정확한 비즈니스 관련 정보를 전해 주고 끊임없는 소통을 할 의무는 존재한다. 동그란 파트너는 동그랗게, 세모난 파트너는 세모 낳게, 네모난 파트너는 네모 낳게 소통하며 독창성의 개성을 인정하면서 함께 성장할 수 있도록 해야 한다.

근본을 바꾸자는 것이 아니라 방법을 바꿀 수 있도록 존재 그 자체로 인정하면서 안내해 주어야 한다. 네모난 파트너를 동그랗게 만든다며 존재를 무시하고 강요하는 행위는 주변에서 흔히 볼 수 있는 광경으로 조직을 깨뜨릴 수 있는 아찔한 경우이다. 혹 이런 결과가 잘못된 가치관과 복제에서 기인했다는 생각이 든다면 더욱 다양성을 존중하고 깨닫는 계기로 삼아야 될 것이다. 이와 관련하여 자신이 둥근 원인지, 사각형인지, 삼각형인지 모르는 파트너들도 많이 있다. 자신이 자신의 모습을 알 수 있도록 다양한 환경과 문화적 공감과 감성의 연대로, 대화를 통해 자발적으로 알아갈 수 있도록 소통해야 한다.

다양성이 없는 조직은 공산주의이거나 죽은 조직이다.

조직의 가치

모든 조직은 저마다의 목적이 존재한다. 긍정적인 조직은 공동의 목적과 최상위 가치의 우선순위가 있기 마련이다. 어떤 기업도 예외일 수는 없다.

현대現代그룹의 기업 가치는 현대인으로서 신뢰Trust, 인재 Talent, 불굴의 의지Tenacity, 혼연일체Togetherness, '4T'이다.

직원 상호간에 신뢰를 바탕으로 또한 고객에 대한 신뢰를 바탕으로 인재를 육성하고 성장시키면서 성장하고 발전한 인재들이 안 되면 되게 하자는 강력한 불굴의 의지를 가지고 서로 혼연일체로 하나되면 못 이룰게 없다는 기업의 가치를 실현 할 수 있다는 공동체적 목표 의지이다.

한화그룹을 통해 좀 더 구체적으로 설명하자면 한화 그룹의 가치 체계는 한화정신인 최상위 가치 신용과 의리를 바탕으로 경영 이념인 신뢰, 존경, 혁신을 실천하여, 인류의 발전과 삶의 가치를 향상시키는 초일류 브랜드 달성이라는 그룹의 비전을 달성한다는 의미로 체계화하여 설명할 수 있을 것이다. 또한 경영 이념을 실현하기 위하여 어떻게 행동해야 하는지를 나타내는 가치 기준인 행동 규범과 가치에 합당한 인재Right People를 확보 육성하겠다는 의지의 표현인 인재상이 가치 체계와 상호 연동하도록 구성되어 있다.

한화의 직원들은 이 가치가 자신의 삶이어야 할 것이다. 일상적인 기업의 목적인 그저 그런 '표어'정도로 치부해서는 기업과 직원이 함께 성장할 수 없으며, 창조적 발상 또한 일어날 수 없다. 직장의 목적이 단순히 노동의 대가로 돈을 버는 수단으로서의 역할만을 행한다고 한다면 안정적 직업을 선택하기 위해 공무원이 되거나 좋은 직업을 가진 사람과 결혼하기 위해 교사가 된 것과 다를 바가 없다.

한화그룹의 직원일 경우에 당연히 신용과 의리는 자기 삶과 연계되어 있어야 한다. 가정에서의 시간보다 가장 많은 시간을 쏟아 내는 또 하나의 삶의 터전이기 때문에 직장에서 신용과 의리로 최선을 다하는 삶의 가치를 말하고 있다. 기업에 많은 시간을 쏟아 부으면서도 자신이 속한 기업에 가치를 자신의 가치로 인정하지 않는 결과는 기업은 물론 가정과 주변의 모든 환경적 요소가 깨지기 마련이다.

조직체에서 행하는 일은 그 가치에 따라 구성원들이 움직이게 되어 있다. 어느 한 조직에 몸담고 있으면서 그 조직의 가치가 자신과 전혀 상관없이 자기 안의 다른 가치를 숨기고 이중성을 가지고 생활한다고 할 때 정신적으로 정신이 지배하는 육체 주변 환경은 참으로 힘겨운 삶일 것이다. 그러한 조직 가치에 대하여 창조적 발상이 나올 수 없음은 당연하다.

최상위 우선순위적인 가치에 따라 경영이념 '신뢰, 존경, 혁신'

을 위해 현재 나 자신이 변화하고 있는지 심각하게 고민해야 한다. 그에 대한 비전으로 인류의 발전과 삶의 가치를 향상시키는 '초일류 한화브랜드 달성'과는 나와 어떤 관계가 있는가? 이러한 비전에 따라 수행해야 할 미션은 미션을 수행할 인재, 정신, 감각적 기능의 능력으로 구별된다. 올바른 인재상이 요구되고 '신의를 지키며, 창의와 열정을 가지고 도전하고, 맡은 분야에 최고의 전문성을 지니며, 글로벌 감각과 능력을 갖춘 사람'이어야 한다. 한화의 이러한 인재상이 예외 마케팅과 나와 어떠한 관계가 있는가?

기업의 가치관이 정립되지 않은 회사가 성장할 수 있겠는가?

회사의 직원이 사원으로 직업의식과 가치관이 정립되지 않은 상태에서 업무를 잘 수행할 수 있겠는가?

가족을 부양하는 부모로서 가치관이 정립되지 않은 상태에서 아이를 키운다면 부모 역할을 잘 수행할 수 있겠는가?

학생이 가치관이 정립되지 않은 상태에서 공부를 잘 할 수 있겠는가? 설령 잘 한다고 해도 나중에 사회적으로 큰 문제만 만들 것이다.

청소년 성관계 역시 마찬가지이다. 우리는 청소년들도 성관계를 할 수 있는 아니 성생활이 존재한다는 것을 인식하고 교육적 가치관을 정립해야한다. 청소년 낙태, 미아유기, 알몸졸업식, 미국 대학교에서의 총기사건, 여행고려장 이러한 현상과 문제점들은 가치관 정립에 그 근본이 있는 것이다.

가치관 정립에 목적과 목표 그리고 수단은 매우 중요하다.

최근 학교 급훈과 옛날 구시대의 멸공, 정숙, 성실, 근면, 인내, 사랑 등의 도덕적이고 추상적인 학교 급훈·학훈과는 현격한 차이를 보이고 있다. 옛날에는 국가의 이념이 학교에도 최우선되었으나 최근에는 입시와 진로에 매우 밀접한 관계가 있다.

"대학가서 미팅 할래? 공장가서 미싱재봉틀할래?"

"서울대, 연대, 고대 앞마당에서 놀자."

"엄마가 지켜본다."

"누구 누구도 니 또래다."

"재수 없다."

"엄친아, 엄친 딸이 되자."

"엄마 아빠는 너 하나 보고 산다."

"10분 더 공부하면 마누라가 바뀐다."

"내신등급 1등급, 인생 1등급"

"졸업 후 100%의 취업률"

"공무원 양성학교"

신세대들에게 성실, 정숙의 의미는 내신 성적향상을 위한 도구로 인식되면서 인성의 도구로서 느껴지지 않는다. 이렇듯 대학이란 목표가 기준점이 된지 이미 오래전이다.

대학이라는 수단이 한 학급의 목표가 되었다.

취업이라는 수단이 대학의 목표가 되었다.

이러한 시대에 한 사람의 인생과 삶과 열정을 함께 공유해서 성공한다는 것은 너무나도 큰 가치가 있다. 이러한 가치가 있는 예외마케팅이 잘못된 편견과 선입견 때문에 아직 힘들어도 그 안의 소중한 의미가 있기에 가능성과 가치가 있다.

여러분들의 삶의 가치가 여러분 조직에 스며들며 그 조직의 가치와 통합되어 연동될 때 그 삶이 참다운 가치가 있는 삶임을 믿는다. 그 가치와 하나될 때 그 삶은 새롭게 성장할 수밖에 없으며 창조성이 발현發現될 수 있다. 단순히 돈벌이 수단으로 내가 속해 있는 조직체를 바라보게 된다면 그 삶의 대부분은 돈의 가치에 점령당하고 만다.

어느 기업이나 단체 등 긍정적 조직의 가치는 이론적으로는 매우 이상적이게 마련이다. 그 이상적 가치가 내 삶의 가치로 연계

되고 원동력이 되어 실제적인 삶이 되고 긍정적으로 옳다고 믿고 움직인다면 그 일에서 나와 파트너는 당연히 그 가치를 실현하기 위해서 창조적 인간이 될 수밖에 없다.

"의미가 없다는 것은 가치가 없다는 것이다."

장 폴 사르트르Jean Paul Sartre, 1905~1980의 말로 "모든 일과 시간에는 의미와 가치가 있다."

"의미가 없다는 말은 가치가 없다는 것"이라는 그 의미는 인간에 대한 사랑일 수 있다고 생각해 본다. 사람에 대한 의미는 삶의 가치에 사랑이 있고 그 중심에는 여성이든 남성이든 사람이 있을 때 부여되기 때문이다.

"삶과 일의 의미에 대한 진정한 가치의 부여"

스스로에게 이 사회가 바라보는 네트워크 비즈니스의 잘못된 선입견을 계몽운동 한다고 의미를 부여하고 시대를 앞서나가는 선구자적 가치와 의미를 부여하라.

모든 사람이 성공하는데 '함께'라는 공동체적 목표의식으로 세습적인 가난의 고리를 끊고자하는데 가치를 둔다면 예외경제 트렌드를 읽는 모든 사람이 삶의 에너지와 가치를 찾고 일의 의미와 동기를 부여해서 사람과 사람이 함께 어울러 성공하고 행복할 수 있다. 이렇게 나와 내 주위 모든 사람들이 즐겁고 재미

있는 삶이 될 것이라고 확신한다.

세상에 함께 할 수 있는 직장, 일들은 얼마든지 있다. 그러나 같은 목적을 가지고 함께하면서 함께 성공할 수 있는 일은 아마도 없을 것이다. 반면 네트워크 비즈니스는 함께 할 수 있는 일로서 다양한 사람들과 함께 성공할 수 있기에 가치가 충분하다.

"다양성을 가진 사람과 사람 속에서의 사랑"

우리가 행하는 모든 일들이 절대적 가치일 수 있다. 거의 모든 일들이 사람에 대한 일들이며 그 가치를 부여하는 가장 중요한 의미 또한 사람에 의한 것이기 때문이다. 사람에 대한 그 사랑만이 우리를 행복하게 하며 의미에 가치를 부여할 수 있다고 확신한다. 그러기에 다양성 안에서 창조성, 독창성이 합리적으로 발현되어야 한다.

세상의 중심에서 다양성 안에서 따스한 인간관계적 감성을 가지고 일과 내가 있음을 사랑이 있음을 기억하라.

예외경제를 인정하는 다양성

"아빠! 나도 부자가 되고 싶어!"

"엄마는 왜 돈이 없어?"

"우리 집은 왜 가난해?"

"나도 ~하고 싶은데!"

초등학교 사회 교과서, 고등학교의 도덕 교과서, 이미 많은 대학교에서 네트워크마케팅 학과를 운영하고 있다. 이렇게 프로슈머에 대한 교육이 차근차근 어느 정도 진척되고 있다. 젊은 신세대들에게 공구공동구매적 융합, 집단성을 통한 직거래는 이제 낯익은 사고思考가 되었다.

자라보고 놀란 가슴 솥뚜껑보고 놀란 구시대, 기성세대가 외면하는 예외 마케팅 안에 특별한 것이 있다. 아빠, 엄마가 모르는 끈기 오기 독기의 예외경제 트렌드 속에 상속되는 네트워킹NQ의 비밀이 바로 그것이다.

보통 기업의 공채보다는 특채가 더 많다는 것을 아는가? 인류 역사상 공채보다는 특채가 더 많다. 생각해 보라? 보통 부모가 자녀에게 직장을 소개시켜주거나 주변 지인들이 직장을 소개시켜주는 경우가 많다. 이렇게 직장, 사업 모든 분야에 있어 주변

지인이나 부모의 네트워킹 관계성을 통한 도움의 능력은 자녀의 네트워킹 관계성의 능력으로 이어져 경제적 부의 척도가 된다. 부모가 인맥이 없으면 자녀들의 성공을 옆에서 코칭하는데 한계가 있다. 그나마 돈이라도 있으면 어느 정도 경제력으로 덮을 수 있겠지만, 경제력 밖에 믿을게 없다면 그것은 한계가 있다. 한계성을 느낄 때, 네트워킹 관계성의 능력이 경제력과 시너지 효과를 만들기 때문에 모두가 인정하는 큰 성공의 길을 안내하는 역할을 담당한다.

네트워크 비즈니스 안에 네트워킹은 꼭 돈이 아니더라도 사회성과 인간관계성의 상승효과 측면에서라도 꼭 필요하다. 이제 기존의 경제에서 벗어난 예외경제의 트렌드를 보려는 마음의 문을 활짝 열고 귀 기울이는 자세를 취해야한다. 어떤 일이든지 가치를 만들 수 있는 일이라면 명분 또한 분명하다. 끊임없이 변화되고 급변하는 직장의 불안한 경제 환경 속에서 직업의 대안적 화두로 자리잡아가는 예외경제인 직접판매의 네트워크 마케팅은 국가적 가치와 글로벌 경쟁력 강화 차원에서 그리고 개인의 가치 창출로 이어짐과 동시에 소비와 직업적 대안으로 충분한 가치가 있다. 그럼에도 불구하고 편견과 선입견으로 외면한다.

우리는 습관적으로 오른쪽으로만 가고자하고, 보려고 하는 편방향 논리로 오른쪽에서 늘 답을 찾고자 한다. 이제 왼쪽이 답이다. 가끔은 다양성과 가치관의 변화를 인정하고 왼쪽예외경제도 마음을 열고 보는 습관을 가져야 한다.

꼭 필요한
예외 마케팅 성공전략

예외 마케팅 성공전략 맵핑

'맵핑mapping'이란? 인생의 지도 위에서 현재 자신의 위치와 상황을 점검하고 자신의 총체적인 생애를 설계하는 것. 정밀한 설계도로 튼튼한 건물이 지어지듯, 행복하고 성공적인 인생을 살기 위해서는 잘 짜인 인생설계도가 필요하다.

현시대가 겪을 수밖에 없는 생활고민과 내적문제의 원인을 네트워크 비즈니스를 통해 분석한다.

성공자로 가기위한 개인 이력 쌓기
—사업가의 마인드를 키워라.

"사업가의 마인드는 투자 마인드다."

빚을 내서 많은 자금을 투자해놓고 쉽게 포기하는 사람이 있겠는가? 아마도 끈기, 오기, 독기로 인내할 것이다.

시간을 대수롭지 않게 생각하는 것은 엄청난 실수다. 1년을 투자했다면, 1억을 투자했다고 생각하고, 1억에 대한 보상을 받을 수 있도록 이를 악물고 달려들어야 할 것이다.

요즘 젊은 여성들의 일부는 자신의 삶에서의 젊음과 결혼에 대해 시간과 젊음을 투자 담보로 하여 결혼을 일종의 계약으로 생각하는 것처럼 느껴진다. 결국 자신이 가진 시간과 젊음을 물질경제의 양면성을 가진 능력money, 바로 경제력과의 교환가치로 생각한다.

이렇게 일부 소수의 현실 도피를 꽤하는 몰지각한 여성들이 늘고 있다. 또한 아이를 낳는 것이 자신의 젊음을 일정부분 포기하는 것처럼 인식해서 진정한 가치의 동기와 의미가 실종되어 가는 듯하다. 때문에 저출산은 사회적 큰 문제거리가 되어 버렸다. 물론 노후생활에 경제적으로 보장받기 위해 출산하는 것은 아니다.

하지만 출산은 외로움을 달래고 자신의 흔적을 남기며 종족보존의 가치와 일정부분 노후보조, 사회 구성원으로서의 충실한 역할을 생각하면 국가, 사회, 경제에 위대한 생산적 산물이다.

자녀에 대한 투자마인드는 교육투자에서만 그 의미를 찾을 것이 아니라, 젊음과 맞바꾼 출산은 건강한 아이를 낳게 되고 이렇게 태어난 아이는 똑똑하고 장수하는 아이가 되어 국가와 사회에 공헌하게 된다.

물론 부모에게도 효도한다라는 통계가 미국에서 나온 바 있다. 출산의 생산적 가치를 여기에서 찾아야 하고 이를 실천하기 위해서 진정한 젊음의 시간을 투자하는 지혜로운 여성들이 되어야 한다. 그래서 젊음을 투자하는 여성은 위대한 것이다.

젊은 여성 뿐만 아니라 보통 사람들도 시간의 투자를 너무 가볍게 생각한다.

진정한 사업가의 마인드는 자신의 시간 투자에 반드시 목적과 투자 가치에 상응하는 이윤추구를 생각하고 이를 통한 생산적 가치와 효율성을 반드시 재고하여 결과를 만들어낸다. 반대로 의미 없는 투자는 생산성과 효율성이 떨어지기 때문에 죽은 시간이요 소실될 물질이다.

성공하고 싶다면 가치 있는 삶으로 내 삶과 일, 시간과 물질적 투자에 진정한 가치성과 정체성을 부여하고 결과를 만들어내야 한다.

성공하려면 강력한 꿈을 꾸라!

진정한 변화는 열정과 꿈에서 시작된다. 네트워크마케터를 비롯한 모든 비즈니스인들은 우선순위 속에서 제일 먼저 꿈을 꾸고 그것을 시각화하는 실천에서 시작한다.

이 세상에 꿈과 비전 없이 성공한 경제, 정치, 사회 지도층은 거의 모든 영역에서 찾아볼 수 없다. 과거에도 현재에도 그리고 앞으로 미래에도 그럴 것이다.

사람은 삶 자체가 생각하는 대로 살고, 생각하는 대로 이루어진다.

사회와 정치적으로 프랑스혁명 이후 시민권이 유럽 전역에 확산, 여성의 참정권 부여, 식민주의의 부활로 생산품의 수입과 수출확대, 여기서도 생각해 볼 수 있는 것이 영주와 왕족, 귀족 신분의 벽이 허물어지길 간절히 바라는 평범한 사람들의 간절한 꿈이 있었기에 그 파동을 타고 실현되었다.

여성 또한 사회가 가부장적이고, 남성권위적인 사회에서 여성의 사회 진출의 간절한 꿈과 그들의 간곡한 언어로서 생각이 파동을 타고 실현되었다.

생산성을 위해 식민지를 꿈꾸는 자들로 인해 식민지화되었던 나라들도 이후 강대국의 식민지로 억압받던 사람들의 의식이 되 살아나면서 그들의 간절한 자유로의 열망은 생각이 언어의 파동을 타고 노예해방이란 소원을 성취하게 되는 결과를 가져왔다.

성경에도창37:5~11요셉이 꿈을 꾸고 자기 형들에게 말하매 그들이 그를 더욱 미워하였더라. 요셉이 그들에게 이르되 청하건 대 나의 꾼 꿈을 들으시오. 우리가 밭에서 곡식을 묶더니 내 단은 일어서고 당신들의 단은 내 단을 둘러서서 절하더이다. 그 형들이 그에게 이르되 네가 참으로 우리의 왕이 되겠느냐? 참으로 우리를 다스리게 되겠느냐? 하고 그 꿈과 그 말을 말미암아 그를 더욱 미워하더라. 요셉이 다시 꿈을 꾸고 그 형들에게 말하여 이르되 내가 또 꿈을 꾼즉 해와 달과 열 한 별이 내게 절하더이다 하니라. 그가 그의 꿈을 아버지와 형들에게 말하매 아버지가 그를 꾸짖고 그에게 이르되 네가 꾼 꿈이 무엇이냐? 나와 네 어머니와 네 형들이 참으로 가서 땅에 엎드려 네게 절하겠느냐? 그의 형들은 시기하되 그 아버지는 그 말을 간직해 두었더라!

이때 이미 야곱은 꿈을 바라보는 양자론적 법칙을 일찍이 알고 있었던 것이다.

그렇지만 요셉의 현실과 주변은 꿈과는 정반대의 상황으로 연출되고 이로 인해 엄청난 역경과 고난의 여정을 경험하게 된다. 그런 과정에서 조차 그는 꿈을 잊지 않았다. 노예상인에게 팔려가서 그리고 종살이할 때에도, 보디발 아내의 유혹을 거절한 그가 오히려 누명을 덮어 쓰고 빠져나올 수 없는 감옥에서 3년 동안 옥살이를 하게 되는 등 이렇게 수많은 어려움과 말할 수 없는 고난이란 현실이 앞에 놓여있을 때에도 그는 끈기를 가지고 꿈을 현실처럼 붙잡고 간직했다. 그 결과 그의 믿음은 당시 강성대국 애굽의 국무총리라는 꿈을 현실로 이루어지게 했다.

어떤 사람들은 역경이 높아지면 자신과 주변을 원망하고 꿈을 포기하는 반면 어떤 사람들은 역경이 높으면 높을수록 거기에 가치가 있다고 믿으며 도전하고 인내하여 미래의 꿈과 비전에 더욱 가까이 간다.

고난이 올 때, 역경이 올 때 꿈 또한 같이 오고 있다는 믿음으로 꿈을 붙잡고 즐기는 방법을 체득하게 할 것이다.

자연계에서 일어나는 극미현상인 양자론과 다중우주는 신비하고도 신비한 세계라서 인간의 감각으로는 생각해내기 어렵다. 그렇지만 양자론은, 수학 계산으로 인한 이론치와 실제 측정값이 너무나도 잘 맞아 떨어져서, 틀렸다고 주장하는 과학자들은 이제 거의 없다. 실험결과와 측정값이 잘 맞아떨어지기 때문에 반박하기 힘든 것이다. 결과적으로 강한 미소에 밝은 긍정적인 말이나 확실한 생각의 파동이 꿈을 현실로 만든다. 때문에 강력한 꿈을 가진 자는 굳은 의지로 꿈과 목표의 성취를 99% 이룬다고 볼 수 있다.

이 때문에 요즘 사회적 이슈로 떠오르는《시크릿》,《꿈꾸는 다락방》,《부자들의 성공습관》,《당신도 부자가 될 수 있다.》등 등……. 부와 관련한 서적이나 꿈, 의지, 생각, 인간과 자연에 대한 많은 서적들에 관심이 집중적으로 재조명되고 있는 것이다. 1900~1910년 인간과 자연간의 관계가 새롭게 정립된 것은 아인슈타인의 상대성이론, 플랑크의 양자론으로 자연의 외형, 물질과 에너지, 공간개념 등의 불확실성, 프로이드의 꿈 이러한 이론을 쉽게 말한다면 결국 꿈이란 무의식의 세계를 자극해서 현실세계로 가져온다는 것이다.

인생은 꿈을 먹고사는 존재이다. 꿈은 창조주가 인간에게 주신 최고의 선물이다. 꿈의 사람은 미래를 보고 살아가므로 현실에 묶이지 않을 뿐 아니라 과거에도 집착하지 않는다. 미래에 일어날 일과 현상들을 생생하게 형상화시키는 방법으로 초현실적인 방법을 선택하는 일이 바로 꿈의 시작이다.

"꿈, 목표"

꿈Dream은 희망hope을 가질 수 있는 목표를 세워야 긍정적 행동action이 나오고 비전vision이 된다.

사람이 꿈꿀 수 없는 그 이상의 허황된 꿈은 희망이 될 수 없기 때문에 목표를 설정할 수 없으니 당연히 행동이나 인내를 동반한 끈기와 노력이 따라올 수 없다. 결국 비전이 아닌 뜬 구름을 잡는 것이다.

반대로 사람에게 실현 가능한 꿈은 희망이 될 수 있고 그 때문에 목표를 설정할 수 있기에 긍정적, 낙천적 행동이나 인내를 동반한 끈기와 노력이 당연히 따라오게 되는 것이고 결국 비전이 되는 것이다. 실현 가능한 꿈을 위해 글과 그림, 사진으로 만들어 시각화하여 반복적으로 꿈을 바라보고 생각하도록 목표를 세워야 한다. 이렇게 시각화되면 계획을 세우고 행동action을 동반한 노력이 따르기 마련이다. 예를 들어 어린아이들이 병원놀이를 할 때, 어떤 아이는 의사를 꼭 맡으려하고 어떤 아이는 간호사를 맡으려한다. 물론 환자를 맡는 아이는 아이들 세계에서도 영향력이 별로 없는 아이일 것이다. 그럼 의사와 간호사를 맡은 아이들이 모두다 의사가 되고 간호사가 되는가? 물론 그럴 확률도 있다. 그 아이가 그 꿈을 포기하지 않고, 처음의 꿈을 바라보고 항상 생각하고 목표를 세워 계획이 끝까지 진행된다면 가능한 것이다. 보통은 중, 고등학교 시절 나름대로 이유를 들어 의사라는 전문 직업의 꿈을 가지고, 바라보고, 생각하고 명문의과대학의 진학을 목표로 계획을 세워 그 일환으로 내신 성적을 높이고 좋은 수능 성적을 받기 위해 노력할 것이다.

꿈을 바라본다는 것, 생각한다는 것은 환경적인 영향이 99% 이다. 집안에 의사 가운을 걸어놓는다거나 청진기, 의학서적, 의학 잡지, 이미 성공한 유명한 의학박사 사진을 걸어놓는다거나 집안 가족 중의 사돈에 팔촌 혹은 이웃이나 주변에 의사와 가깝게 지낸다거나 하는 식으로 바라보는 방법과 이것이 바라봄으로 생각으로 이어질 수 있으니 결국 노력하게 되는 결과를 가져오는 것이다.

꿈이 생겼다면 이제 크게 생각할수록 크게 이룬다.

여성들이 페미니즘으로 꿈을 크게 꾸기 시작한 현대 사회의 결과 여성 총리, 여성 대통령, 여성 수상, 세계적인 여성 재벌 등이 속속들이 나오고 있다.

크게 생각하면 그 크기도 크게 맞춰진다. 왜냐하면 바라보게 되면 행동하게 되고, 도와주게 되고, 이뤄지기 때문에 꿈이 환경에 지배를 받는 것이 아니고 생각하는 꿈이 환경을 지배한다는 공식이다.

단기적 생각, 1주일, 1달, 분기별 계획으로 이루고자하는 실현가능한 꿈에서 출발하고 조금 앞선 꿈의 시각화가 자신의 생활공간과 가시적 공간에 글로 또는 사진이나 그림의 형태로 존재하게 한다면 효과 만점일 것이다.

중장기적 생각, 3년, 5년, 7년의 계획으로 현실적으로 조금은 어려운 그러나 이루고자하는 꿈의 시각화가 자신의 생활공간과 가시적 공간에 글로 또는 사진이나 그림의 형태로 존재하도록 하라.

장기적 생각, 10년, 20년, 30년 이후의 계획으로 불가능할 것 같은 원대하고 큰 비전을, 이루고자하는 꿈의 시각화가 자신의 생활공간과 가시적 공간에 글로 또는 사진이나 그림의 형태로 만들어라 그리고 늘 간직할 수 있도록 만들라. 좀 유치하다고 할 수 있을지 모르나 그렇게 해야 꿈을 현실로 만들 수 있다는 것을 기억하라. 하버드, UCLA, 예일대에서 표본 조사한 통계의 결과를 보아도 이는 증명된다.

바라보는 것(동기부여)
—사람은 무엇인가 바라보면 그것이 동기부여가 된다.

"꿈꾸는 자여! 믿음의 눈으로 바라보자."

'꿈꾸는 다락방'에서 생생하게 꿈꾸라는 것은 시각화를 의미하는 것이다.

바라보는 것은, 기적의 심지에 불을 붙이는 것과 같은 것이다.

미래를 바라보고, 믿으며 생각하는 사람은 항상 시뮬레이션simulation을 하는 까닭에 기회를 놓치는 실수를 범하지 않는다.

우리나라 속담에 "못 올라갈 나무는 쳐다보지 말라"라는 말이 있다. 하지만 시대가 바뀌면 언어의 형태와 신조어들이 만들어지기 마련이고 옛날의 언어들은 지금의 우리에게 어울리지 않는다. 조선시대 '세종'시기 집현전에서 연구하던 한글을 지금 우리가 사용한다면 알아듣는 사람이 몇 명이나 있겠는가?

산골마을 또는 섬마을 어린이들에게 도시의 지하철, 방송국, 여의도 국회의사당 등의 견학 프로그램을 실시하는 이유는 무엇인가? 그것은 꿈을 바라보는 이유와 같을 것이다.

"바라보는 자는 올라간다."

못 올라갈 나무일수록 포기하지 말고 끈기있게 바라다 보면 사람이 직접 기어서 못 올라간다 하더라도 올라가고자 하는 간절함이 있고 올라가려는 생각만 집중적으로 하는 사람은 결국 다른 도구를 사용해서라도 올라가게 마련이다.

"눈을 들어 바라보라."

목표를 설정하고 결과의 눈으로 바라보면, 그에 맞는 행동과 생각이 따르기 마련이다. 때문에 성취하는 것이다.

"지금 너 있는 곳에서 바라보라"

대부분의 사람들은 "시기가 좀더 좋아지게 되면…, 환경이 좀더 좋아지게 되면…, 조금만 더 있다가…." 이런 구차한 평계를 늘어놓는다. 그러나 시기나 환경에 상관없이 지금 당장 자신의 위치를 파악하고 냉정하게 현실을 돌아보아야 한다. 이루고자 하는 간절한 목표를 바라보고 현실을 초월하는 오늘의 나의 모습, 지금의 나의 모습이 중요하다.

젊은 연인들이 연애를 하면서 간혹 이런 이야기들을 한다.

"눈에서 멀어지면 마음에서도 멀어진다." 한 번 쯤은 입 밖에 내어 본 적이 있을 것이다.

야곱의 얘기를 살펴보자.

야곱의 외삼촌 라반이 그에게 "품삯을 정하라." 라고 했을 때,

"삼촌! 앞으로 외삼촌의 양떼 가운데 아롱진 것, 점 있는 것과 검은 것, 그리고 염소 중에 점이 있는 것과 아롱진 것의 새끼가 태어나면 저의 품삯으로 주십시오."

지금도 그렇지만, 그 당시 양떼나 염소 중에서 그런 것들은 희귀했다.

목축업 경험이 풍부하고 계산 빠른 라반은 야곱의 이런 요구에 순순히 응했다. 만일 야곱이 일반적 상식 수준에서 보편적인 유리한 조건을 요구했다면, 라반은 결코 들어주지 않았을 것이다. 그러나 야곱의 요구가 상당히 작고 어이없는 요구였기에 라반은 흔쾌히 서둘러 계약을 한 것이다.

그리고 나서, 라반은 즉시로 자기 아들들을 시켜 그의 양떼 중에 그런 것들을 다 골라냈고 야곱과의 목축 거리를 사흘길이 되도록 했다.

그렇게 함으로로써 야곱이 말한 그런 것들이 자기 떼에 섞여 더 이상 유전적으로 그런 종류의 새끼들이 태어나지 못하도록 함으로써 철저히 대책을 세운 것이다.

라반은 야곱에게 한 푼이라도 더 주고 싶은 생각이 없는 사람이였다.

주기는커녕 어떻게 해서든지 빼앗으려는 심보를 가진 사람이 아니었던가.

"외삼촌이 그런 사람인 것을 진작에 알았을 텐데 야곱은 왜 그렇게 불리한 조건을 말했을까?"

필자는 야곱의 양자론적인 믿음의 이론적 기반인 바라보는 법칙을 이미 생활 속에서 터득했던 것으로 사려思慮된다. 고대사람 중에 우리가 생각하는 것 그 이상으로 현명하고 똑똑한 사람들이 많다. 이해하기 쉽게 꿈꾸는 법 'RRealization=VvividDdream' 즉, 생생하게 꿈꾸면 이루어진다는 끌어당김의 법칙이란 원리를 일찌감치 경험으로 정리하여 지식으로 체득했다는 것이다.

야곱에게는 세상 모든 것이 환경적, 시각적 지배를 받는다는 믿음이 있었다. 창세기에 보면, 야곱의 R=VD행동이 잘 나온다.

야곱은 버드나무와 살구나무와 신풍나무의 푸른 가지를 취하여 그것들의 껍질을 벗겨 흰 무늬를 내고, 그 껍질 벗긴 가지를 양 떼가 와서 먹는 개천의 물구유에 세워 '양' 떼에게 향하게 함으로 양이나 염소 떼가 물을 먹으러 올 때에 얼룩덜룩한 무늬의 나무 가지를 보면서 거기서 새끼를 베게 한 것이다. 동물들의 세계에서도 바라보는 대로 된다는 믿음의 확신이 있기에 취한 행동의 결과는 놀랍게도, 그 가지 앞에서 새끼를 밴 것들은 얼룩얼룩한 것과 점이 있고 아롱진 것을 낳은 것이다.

이렇게 긍정적으로 바라보는 행동은 끊임없이 긍정의 생각이 행동으로 표출되기 때문에 최상의 결과를 가져온다.

또 하나의 결과를 소개하고자 한다.

앤드루 존슨 대통령은 링컨을 이어 미국 17대 대통령직을 승계해 남북전쟁으로 갈라진 미국을 하나로 통합한 위대한 지도자다. 그의 가장 큰 업적은 알래스카를 단돈 720만 달러에 러시아로부터 매입한 일이다. 사람들은 왜 쓸모없는 얼음덩어리의 땅을 사느냐고 항의했으나 그는 알래스카의 천연자원과 영토, 영해에 대한 미래를 본 것이다. 세살 때 아버지를 잃고 열네 살에 양복점 점원이 되었으며 열여덟 살에 구두수선공 딸 엘라이저 메카들 Elizer Macardel과 결혼할 때까지 그는 공부라는 것을 해본 적이 없었으나 아내의 인도로 교회에 출석하면서 열심히 글을 배우고 책을 읽어 40세 때는 달변가와 명필가가 되어 미국 지도자로 우뚝 서게 된 것이다. 그는 못 배우고 가난했던 어린 시절을 기억하는 대신 하나님이 준비하신 미래를 바라보았다. 대통령직도, 알래스카도 그가 바라본 미래 속에 이미 있었다.

미래는 가장 소중한 자산이다. 미래는 준비하는 자의 몫으로 성공한 사람들의 공통점은 꿈과 비전을 가슴에 품고 있다는 것이다.

연예인 '송승환'씨가 토크쇼에 출연해서 아쉽게 고백하는 말을 들었다.

잘나가던 시절, 여러 가수들을 발굴해서 음반제작으로 짭짤한 재미를 보던 어느 날 박진영이 음반제작을 해주십사 하고 찾아왔으나, 외모가 수려하지 않고, 인상을 보니 가수로 성공할 수 없다고 선판단을 해버렸던 것이다. 그래서 "명문대학을 다니고 있으니 열심히 공부하면 좋은 날이 올 거다." 라고 위로하고 돌려보냈는데 후에 박진영이 가수로 대성하고 음반으로 대박을 터뜨렸으니, 연예계에서 잔뼈가 굵은 '송승환'도 가수 지망생에게서 장래성을 보는 데 실패한 것이다.

바라본다는 것, 믿음이란? 한마디로 미래를 바라보고 미래에 투자하고 미래를 붙들고 생각하고 행동하는 것이다.

지금까지 성공의 첫 단추인 구체적인 꿈과 목표를 세워 바라보고 행동을 결의, 결단 했다면, 이제 실질적인 실행 단계인 초대와 S.T.P의 효과적인 진행방법을 찾기 위해 반드시 명단작성이 필요하게 된다. 이는 아주 구체적인 실행계획을 세우고 일의 성패가 갈리는 중요한 재료가 될 것이다. 그럼 명단 작성 요령에 대해 알아보자!

〈명단작성은 예외마케팅 뿐만이 아니라, 모든 사업과 일에 기본적인 요소이다.〉

성공적인 명단 작성의 기술을 익혀라

유용한 명단을 풍부하게 작성하라.

효과적으로 명단을 발굴하는 기술

명단 구축에는 자세와 태도가 중요하다.

먼저 자신부터 차분한 마음으로 생각하면서 명단을 작성하고 스폰서와 상의한다. 이후 시간이 지나서 파트너partner가 생겼다면 파트너에게 당당하면서 예의 바르게 자신의 경험을 먼저 얘기하고 제시한다.

"사업을 제대로 하려면 명단을 작성해야 하는데 모든 사업이나 일에는 기본 골격이 되는 재료나 밑천이 있듯이 이 사업에는 명단이 밑천입니다. 작성하시지요! 작성하셨나요?"

위와 같이 명단 작성을 하도록 권유하는 것은 물론 확인하는 과정도 꼭 필요하다.

명단이 작성되었다면 우선 지역별로 나누고 취미별로 나누고, 소비자와 사업자로 나누고 이 안에서 각각 A, B, C 그룹으로 분류하여 A그룹은 친밀도가 매우 높은 가족이나 친척, 아주 친한 친구, B그룹은 동창생, 군대동기, 친밀도가 조금 떨어지는 이웃, C그룹은 무작위명단의 주변사람들로 세탁소, 편의점, 집에 자주 오는 배달원, 미용실 주인 등 이름이나 연락처 하나만 알거나 아예 모르더라도 앞면이 조금만 있다면 모두 적는다.

A, B, C 각각의 명단에는 하나도 빠짐없이 생각나는 사람 모두 적는다. 누가 이 사업을 할지는 아무도 모른다.

일반적으로 이러한 기술적인 측면을 부정적으로 보는 사람들이 있으나, 일반 사업이나 네트워크 사업이나 기술적인 측면에서 결국 일은 사람과 사람사이에서 이뤄진다고 볼 때 똑같다. 우리 주변에서 누군가 개업하면 제일 먼저, 친분이 있거나 좀 아는 사람들이 화환도 보내주고, 축하해주러 와서 선물도 주고, 물건도 사주면서 동시에 소개까지 시켜주지 않는가? 이런 면에서 객관적으로 냉정하게 본다면 같은 것이다.

대상자를 선정할 때, 기본적인 인격이 갖추어져 있고 발이 넓으며 수완이 있는 사람, 경제력이 있고 시간이 많은 사람, 성격적인 측면에서 승부욕이 강하고 욕심이 많은 사람, 고집이 세고 무슨 일이든 한 번 일을 시작하면 열중하여 끝장을 보는 사람을 이 사업의 영역에 참여시키면 라인이 크게 성장할 수 있다.

연령대별로는 20대 후반~40대층이 구매력과 적당한 경험, 지식,

언변 등으로 볼 때 좋다고 할 수 있다. 40세 이상의 사람은 의심이 많고, 27세 이하의 사람들은 사업자금을 구하기 어렵고 다루기가 힘들기 때문이다.

작성한 명단을 가지고 상위 스폰서들과 대상자들을 어떤 방법으로 설득하여 이들이 교육을 받게 할 것인가를 상의한다. 그리고 실제로 대상자를 만나면 자신감을 가지고 일을 추진할 수 있도록 사전에 다른 파트너들과 가상 상황을 설정하여 실전처럼 연습Rehearsal을 하면 실전에서 효과적이다.

대상자와의 접촉

사람의 행동을 바꾸기 위해서는 그 사람이 몸담고 있는 그릇인 주변 환경과 상황을 파악해서 적당한 타이밍에 자극을 주어야 한다. 상황이 변하면 행동이 변하게 되고 행동이 변해서 습관이 되어 성공으로 이어진다고 할 때 상대가 속한 환경변화를 예의 주시해야 한다.

한동안 연락이 없다가 갑자기 만나자고 하거나 찾아가면 의심을 받을 수 있으므로, 1~2주 전부터 꾸준히 가족, 직업, 취미, 최근 경제상황 등의 안부전화를 3회 이내 정도로 연출하다가 자연스럽게 만날 기회를 만든다. 대화 중 때론 상대방의 자존심을 건드리면서 사업으로 유도하는 방법도 하나의 방법으로 효과적일 수 있다. 이러한 F. O. R. M F:가족, O:직업, R:취미, M:메시지/돈은 근본적으로 관계성과 친밀도를 높임과 동시에 호기심 유발에 있다.

대상자와 면담약속이 이루어지면 약속장소를 정한다. 약속장소에서 만나 사업이 잘되고 있다는 인상과 당당하고 확신에 찬

목소리로 자신의 미래 성장성을 얘기하고 암암리에 호기심을 유발하면서 참고로 사업관계로 요즘 매우 바쁘다는 인상을 심어주는 것도 좋다. 국내 뿐 아니라 전 세계 모든 사업영역에서는 연출이 있기 마련이다. 미리 잘 짜인 각본에 의한 연출이 필요한 것이다. 이 때 정장을 입고 자신감 넘치는 당당한 태도를 보이며 예전과는 매우 달라진 모습을 보여주고자 노력하라.

시간을 오래 끌면 이것저것 자세히 묻고 일일이 답변을 하다보면 편견과 선입견으로 빅 비즈니스에 대한 잘못된 오해를 불러올 수 있으므로 사업이야기는 되도록 짧게 하고, 사업에 대한 궁금증을 유발시켜 대상자가 스스로 찾아오도록 유도한다.

후속 조치와 삼세판

—3회 이상 사업설명회를 듣도록

사업가능자로부터 사업설명회를 객관적으로 볼 수 있게 하려면 아주 특별한 경우가 아닌 이상 1회 사업설명회시 1인 초대를 원칙으로 한다. 여러 사람을 한꺼번에 초대하면 그 중에 잘 알지도 못하면서 부정하는 자가 꼭 있기 마련이다. 흔히들 고춧가루 뿌린다고 하는 상황으로 99%의 긍정을 1%의 부정이 이긴다는 것을 명심해야 한다.

대상자와의 접촉을 통해 사업설명 이후 상대가 관심을 보이면 3일간 또는 3회 이상 기초 사업설명의 교육을 받아 보도록 권유하여 이 사업의 크기를 제대로 볼 수 있도록 한다.

교육기간 중 초대자나 스폰서에게 되도록 많은 질문이 나오면 좋다. 이때 하지 말아야 할 말과 행동을 주지시키고, 자기를 데리고 온 사람을 믿고 따르면서 서서히 사업을 진행하도록 권유하면 좋다. 질문이 없어도 입단속어설픈 발설에 관한 주의를 주고 입을 열어 발생할 수 있는 아주 구체적인 반응과 여러 현상들을 인식시켜 주어야 한다.

대한민국 대부분의 사람들은 쓰레기통 속에 버려져야 할 선입견, 편견, 오해, 오만이 미래 최고의 비즈니스 영역인 네트워크 비즈니스를 보는 안목을 어둡게 가리고 있다. 따라서 다단계가 무엇인지? 피라미드가 무엇인지? 네트워크 비즈니스가 무엇인지도 모른 채, 아무런 이유없이 마냥 호환마마보다 무서운 게 다단계니, 피라미드니 라고 막말을 하는 경향이 있기에 제대로 된 기회를 보기 어려운 상황이다. 이렇게 정작 본인만 외면하면 다행이지만, 가까이에서 직접 듣고, 보고, 확인하여 정상적으로 비전VISION을 본 사람도 무리의 법칙에 따라서 아리송하게 전도시키고 헷갈리게 만들기 쉽다. 때문에 초대자가 확고한 비전을 볼 때까지 입단속을 철저히 시켜야 재초대로 사업의 비전을 온전히 보도록 할 수 있다.

미팅과 리크루팅Recruiting

용기 있는 자만이 미인을 쟁취하듯이 전략을 짜고 자신 있게 다가가는데서 네트워크 비즈니스의 성공은 시작된다.

나이트클럽에서 반복적으로 부킹을 하거나, 길에서 헌팅을 자주 하다보면 부킹 노하우가 쌓이게 되고 연애의 기술이나 감이 오게 마련이다. 이러한 경험을 많이 한 남성일수록 성공확률이 높다.

친구들 중에 별 볼일 없는 친구가 부킹, 헌팅 참 잘하는 경우가 많다. 그 결과 꽤 예쁘고, 괜찮은 여성을 꾈 수 있는 것은 당연하다. 부킹이나 헌팅은 1차적으로 횟수가 중요한데, 양적인 차이가 질적인 결과의 차이로 나타난다. 이렇게 스킬적인 방법을 터득하여 여성을 상대하는 능력이 생기는 것과 리쿠르팅은 같은 이치이다.

네트워커로서 성공하려면 무엇보다도 먼저 이 능력을 키워야 할 것이다. 필자가 그동안에 많은 리더들과 일하면서 가장 많은 시간과 노력을 투자하여 교육한 내용이 이 리크루팅에 관한 것이다.

어떤 리더의 말을 빌리면 네트워크 비즈니스사업은 "리크루팅에서 시작하여 리크루팅에서 끝난다." 말하며 가장 중요한 능력이라고 역설한다. 대부분의 사업자가 같은 생각일 것이다.

성공적인 네트워커가 되려면 반드시 리크루팅 프로가 되어야한다. 처음 사업을 시작할 때에는 아마추어라도 상관이 없지만, 결국에는 프로전문가가 되어야 하는 것이다.

접촉을 통해 인간적인 공감대를 형성한다.

2년 동안 이사업을 진행한 사람이 있다고 해보자 초기 200~300명을 접촉하여 리크루팅 했다. 그런데 지금은 그렇게 못한다. 왜 아는 사람이 없어서? 그게 아니다. 꾸준히 리크루팅을 했다면 스킬이 생겨서 매년 마다 꾸준히 리크루팅 능력이 계속 향상되었을 것이다.

지금은 모르는 사람들도 쉽게 리크루팅할 수 있는 능력을 갖추어서 아마도 더 잘되고 있지 않을까? 그래서 처음부터 리크루팅 기술을 가르치고 경험하도록 교육해야 한다.

처음에는 서툴렀지만 계속해서 리크루팅 활동을 지속해가면서 점점 실력이 쌓이게 되면 결국에는 만나는 사람들을 누구든지 쉽게 리크루팅할 수 있는 위치까지 발전할 수 있다. 결국 아는 사람이든지 모르는 사람이든지 쉽게 리크루팅할 수 있는 능력을 갖게 되는 것이다. 물론 이 능력은 그동안 열심히 진지하게 계속

활동하면서 터득된 것이라는 점을 잊어서는 안 될 것이다. 아마도 처음에는 실수도 많았을 것이고 또한 성공 확률도 떨어졌을 것이다. 그렇지만 계속해서 리크루팅을 시도하고 또 시도하는 동안에 점점 실력이 향상되었을 것이다.

호일러와 관심

애인 만들기의 시작은 관심에서 출발한다.

연애를 하려면 상대를 찾아 애인을 만들어야 하는 것은 당연하기에 연애의 출발은 관심에서 출발한다.

네트워크 사업도 관심과 행동 커뮤니케이션에서 출발하는데 같이 있는 시간이 많으면 관심이 집중되고 자신의 연인으로 만들기가 쉬운 것처럼 이 사업도 연애하듯 대상자를 1m 가시거리 안에 두고 관심을 가져주어야 한다.

상품을 구매했거나 휴대폰을 개통한 후 사업 설명회나 세미나에 참석하는 것이 바람직하다. 주력상품을 구매한 사람일수록 귀를 열고 1차적으로 들을 자세가 되기 때문에 사업자가 될 확률이 높다는 것이다.

초대invite는 반드시 준비된 초대가 되어야한다.

안내자Bridge는 잠정적 사업가능Client대상에게 설명자UP라인 스폰서Advisor 또는 헬퍼자Helper와의 만남을 주선하기 전에 대대적인 에디파일Edify을 미리부터 하고 약속된 장소에서의 미팅은 검증된 리쿠르팅 프로 전문가인 설명자 외에는 다른 사업자의 동석을 금한다. 단 필요시 상위스폰서에게 자문을 구해야한다.

첫째, 1차와 2차 전화통화까지는 혹은 1차 외부 미팅에서는 간단한 안부만을 묻는다. 일상적인 대화를 하고, 새로운 사업을 시작했는데 내가 생각했던 것보다 잘되고 있다. 앞으로 전망이 밝다고, 흥분된 목소리와 확신으로 희망찬 모습을 연출하여 상대로 하여금 호기심과 궁금증을 가득 유발시키고 절대로 오픈하여 설명하지 않는다. 보물을 발견한 것처럼 상기된 목소리로 비전을 품어 흥분된 당신의 모습을 상대가 느낌으로 좋은 일이 있구나 하고 알게 끔만 전달해준다. 이렇게 간단하게 끊고, 통화내용을 메모하였다가 반드시 3일~4일 후에 다시 전화하고 양일을 택일하게 하여 약속을 잡는다.

둘째, 약속장소에 서로 상봉 후 간략한 어프로치를 한 후, 사업 설명회나 세미나를 통해 자세히 들을 수 있도록 말을 아껴야 한다. 단 상대가 네트워크 비즈니스임을 간파했다면, 강한 확신에 가득찬 음성과 행동reaction으로 자신은 완벽하게 객관적 검증이 끝났으니 당신도 정확히 이 사업을 객관적으로 검토하라고 선택권을 주는 척하면서 당당하고 자존감을 가지고 힘있게 말해야한다. 그럴 때 상대가 뭔가 있는가 보다 생각한다.

셋째, 세미나와 기초설명을 들었다면 반드시 후속 조치, 재 초대는 24시간 안에 늦어도 48시간 이내에는 해야 하며 자신이 들은 사업설명회나 세미나가 전부가 아님을 강조하고, 가족이나 타인에게 절대 발설해서는 안 되며 그것은 자신의 미래를 망가뜨리는 바보짓임을 각인시켜야 한다. 입을 여는 순간 엄청난 사업을 스스로 망가뜨린다는 인식을 심어 주어야 한다. 한편 비전을 보지 못한 거절자 또한 후속 조치와 입단속은 사업가능자보다 더욱 철저히 해야 한다.

초대자는 반드시 3회 이상 기초설명 및 행사에 참여시켜야 한다. 우리나라 사람들은 삼세판이란 말을 좋아 한다. 네트워크 비즈니스도 예외는 아니다. 삼세판은 분별력을 키워 사업을 제대로 볼 수 있는 가능성을 제공한다.

이후 네트워크 마케터가 반드시 알아야 할 성공전략으로 모든 네트워크 마케터들이 갖고 있는 기본 원칙은 자기계발과 자기 훈련이다.

사람을 대할 때나 사업에서 명단 작성에서부터 컨택과 초대 Contact & invite할 때 망설임 없이 두려움을 이겨내는 용기와 자신감을 가지고 늘 당당하게, 공평하게, 객관적으로 다양성을 가지고 전통적 방식을 기초로 하라.

상위 업up라인에 가르침을 받았으면 배운대로 가르쳐라복제.

성공하는 사람에게는 부정을 긍정으로 바꾸는 마인드가 필요하다. 'No!'조차 'Yes!'의 일부이다. 때로는 아닌 것 같은 일에도 스폰서와 파트너들이 팀워크를 형성하여 한 방향으로 마음을 모아가면 이론상으로는 불가능한 일도 형이상학적으로 실현되는 경우가 대부분이다. 여기서 긍정적yes으로 가려면 겸손함이 있어야 한다.

성공하고 싶다면 목소리를 낮추는 연습과 겸손의 배움이 훈련되어야한다. 그렇다고 무조건 겸손하고 목소리를 낮추라는 것이 아니다. 상황에 따라 낄 때 끼고, 뺄 때 빼는 성공의 습관을 만들라는 것이다. 아무데서나 막 나선다고 리더가 되는 것은 아니다.

리더의 개발과 양성이 우리가 열심히 일한 대가를 받을 수 있는 핵심 부분이다. 보다 많은 리더들을 양성할수록 대가도 커진다. 부는 계속적인 제자양성복제을 통해서 더 크게 얻어진다.

연인과 함께 떠나는 여행, 행사활용

연인사이 왜, 여행을 떠나려 하는가?

함께 여행을 떠나면 공감대 형성은 물론 동질감에서 오는 상호 의존성으로부터 관계성, 친밀감 이런 것들로 인해 내 사람 만들기가 수월하기 때문이다. 이러한 여행이 주는 친밀감, 동질감, 기대감을 가지고 여성도 따라온다. 이럴 경우 100% 연인 사이로 발전한다. 마찬가지로 행사도 그러하다.

여행과 같이 친밀감, 동질감, 기대감으로 준비된 행사 초대는 사업으로 이어질 확률이 높다.

또한 행사를 통해 다양하고 풍부한 지식적 경험을 하게 될 때 탄탄한 기반 위에 조직을 구성할 수 있게 된다.

"기업과 핵심 조직이 후원하는 이벤트에 반드시 참여하라."

후속조치Follow Up로서의 행사활용인 홈미팅, 팀미팅, 오픈미팅, 원데이 세미나, 지역권 세미나, BTS, MTS, 펑션 등은 최고의 선물이다.

"장소복제를 위해"

“시간복제를 위해”

“시스템복제를 위해”

“교육의 복제를 위해”

“리더의 덕목으로 인성 복제를 위해”

결과적으로 제자 양성을 위해서 복제하려면 상위 스폰서라인이 주최하는 그룹이 주최하는, 회사가 주최하거나 주관하는 행사활용이 그 구성원들에게는 최고의 기회인 것이다.

연인 사이처럼 프레젠테이션

얼마 안 된 연인 사이는 깨지기도 쉽기 때문에 철저하고 조심스럽게 연애의 기술을 구사해야 한다. 연애의 기술 중에서 밀고 당기는 것이야말로 관계성의 성장·발전에 지대한 영향을 준다. 사업 프레젠테이션에서도 철저하게 준비해서 조심스럽게 강약을 조절할 필요가 있다. 프레젠테이션은 사귄지 얼마 안 된 애인을 다루듯이 해야 한다. 때론 부드럽게 때론 강력하게 또는 치밀하고 계획적으로 일목요연하게 준비하여 사업의 크기와 비전을 정확히 보도록 한다면 나의 확실한 애인으로 사업자로 예외트렌드에 동참하게 된다.

두말할 필요 없이 프레젠테이션에서 설명자는 프로ProAdvisor가 되어야 한다.

처음 초기사업자일 때에는 아마도 설명이 서툴렀을 것이다. 한 사람을 붙잡고 두어 시간을 힘들게 설명하지만 상대방은 반응이 없다. 그러나 만일 계속 기회가 있을 때마다 지속적으로 설명을 한다면, 매일 반복적으로 여러 사람에게 설명한다면 시간이 지남에 따라서 프로전문가가 되어 있을 것이다.

많은 네트워커들이 훌륭하게 설명하는 능력을 갖추지 못하게 된 이유 중의 하나는 소위 구두닦이의 '찍쇠와 닦쇠'라는 한국식 사업 방법 때문이다. 많은 회사들은 현재도 이와 같은 방식을 그대로 채택하고 있는데, 먼저 설명을 잘하는 업up라인 스폰서들이 사업 설명회를 한다. 이들은 일명 '닦쇠'의 역할이다. 이 말은 아마도 구두닦이에서 사용되는 속어로 '찍쇠'들이 찍어온 구두를 계속해서 닦는 사람들을 말한다. 반면 찍쇠는 계속해서 인근 건물의 사무실에서 영업장에서 구두를 가져오는 일만 한다.

많은 네트워크 비즈니스사업장에서 "여러분들은 '찍쇠'가 되어서 무조건 찍어 오십시오. 그러면 제가 '닦쇠'가 되어서 잘 닦아 드리겠습니다." 라고 말하는 강사들을 흔히 볼 수 있다. 이런 방식으로 대부분 사업자들은 열심이 찍어오는 일만 했기 때문에 시간이 흘러도 프레젠테이션 전문가가 될 가능성이 낮고 어설프기 짝이 없다.

그러나 네트워크 비즈니스는 자신의 사업이며 장기적으로 볼 때, 다운 라인사업자들에게 기술과 경험을 전수하는 제자양성을 반복하는 교육 사업이다. 하지만 수년 동안 단지 찍어오는 일만 했다면 어떻게 닦는 일을 잘 할 수 있겠는가? 설명자인 스폰서는 파트너에게 일정 시간이 경과하면 반드시 가르치고 경험하게 하라.

안내자는 초대자가 문을 등지고 앉게 하라, 호일러를 통한 설명자Helper는 초대자와 안내자 사이에 앉고, 안내자는 문을 바라보고 앉는 것이 좋다.

안내자는 설명자가 설명할 수 있는 분위기를 연출하고 설명자의 설명 중에 어떤 상황에서도 끼어들지 말고 오직 긍정의 의미로 고개를 끄떡이는 적당한 긍정의 액션과 헬프 후미에 강력한 클로우징이 좋은 반응을 불러온다. 이렇게 프레젠테이션 전문가는 상황설정과 주변 환경을 최대한 활용해야 한다.

〈호일러 법칙에 의한 프레젠테이션〉

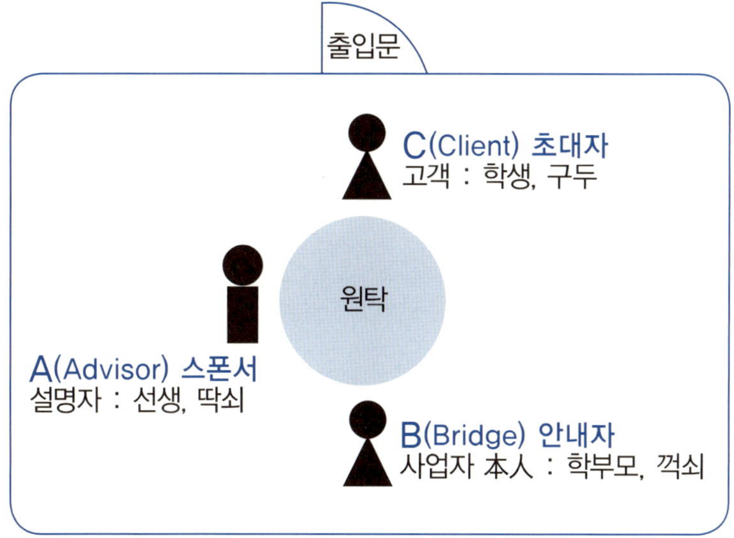

연인 사이처럼 모티베이션

연인 사이에서 여성이 남성에게 또는 남성이 여성에게 말로 또는 행동으로서 동기부여 하는 방법이 있다.

"너밖에 없어'

"너는 뭘 입어도 참 잘 어울린다."

"세상에서 네가 제일 예쁘다."

"화장 안 해도 너무 예쁘다."

"너만 있으면 된다. 세상 무엇과도 바꿀 수 없어"

"너를 위해 태어났다. 네가 있어 행복해"

"네가 최고야!"

칭찬과 용기를 주는 말은 연인사이에서 하늘의 별도 따오게 한다. 연애할 때를 생각하면서 동기부여motivation 전문가가 되라. 아마도 지상 최고의 동기부여가가 될 것이다.

네트워크 비즈니스사업에서 교육하는 대부분이 동기부여이다.

사실 예외마케팅에서 다운라인 사업자들에게 사업 기술을 가르치고 사업을 잘 할 수 있도록 다양한 후원을 하는 일은 결국 동기부여 문제에 귀결 된다.

당신과 함께하는 동역자인 파트너가 좌절했거나 일시적인 슬럼프에 빠졌을 경우에는 의욕을 고취시키고 다시 도전할 수 있도록 용기를 주어야 한다. 사람들에게 에너지를 높여주는 일을 동기부여라고 할 수 있다.

성공적인 네트워커는 아주 훌륭한 동기부여가이다. 동기부여 능력을 갖춘다는 것은 이론만 공부해서 되는 것이 아니다. 실질적인 경험이 있어야 하는 것이다.

알고 보면 훌륭한 동기부여자가 되는 일은 간단하다. 가식적인 미소와 칭찬이 아닌 긍정적인 마인드로 상대의 칭찬할 부분을 적극적으로 찾아 진심으로 칭찬한다면 동기부여 전문가가 되는 일은 오히려 너무 쉽다.

필자의 생각으로는 가장 많은 실패와 시행착오를 경험하는 사람들이 가장 훌륭한 동기부여자가 된다고 생각한다.

'마크 야넬'이란 사람이 있다. 이 사람은 목회자로서 할 수 있는 가장 적당한 일로서 예외마케팅을 선택했고 예외 마케팅 사업만이 틈틈이 시간을 내서 할 수 있었기 때문에 선택했다고 '마크 야넬'은 말한다.

마크 야넬은 네트워크사업을 통해서 크게 성공한 세계적인 인물이 되었다. 사업을 시작한지 10년이 지나자, 30만 명 이상의 거대한 그룹을 만들었고 한 달에 수억 원씩 벌고 있는 천만장자가 되었다. 이제는 '모'사에서 물러나 여러 예외 마케팅 회사에 지분 투자를 하고 사업을 전개하면서 더 큰 활동을 하고 있다.

'마크 야넬' 그는 말하길, 예외 마케팅을 통해서 선교활동에 필요한 충분한 재정을 확보하게 되었다고 한다.

마크 야넬은 동기부여 전문가다. 많은 사람들이 마크 야넬로부터 동기부여를 받아서 백만장자, 천만장자가 되었다.

그러면, 어떻게 마크 야넬은 탁월한 동기부여자가 되었을까? 그 비결은 바로 '마크 야넬'은 '모'사社를 만나기 전에 이미 9년 동안 6개 회사에서 실패한 경험을 갖고 있었기 때문이다.

생각해 보라. 9년 동안! 그것도 목회자 신분으로 실패만 하고 있었는데 주변 사람들은 뭐라고 했겠는가? 마크 야넬의 말을 빌리면 주변 사람들은 피라미드 목사라고 했다는 것이다.

만일 독자의 주변에서 예외 마케팅을 3년 이상하고 있는데 전혀 충분한 소득을 올리지 못하고 있거나 오히려 더 나빠지고 있다는 사람들이 있다면 이렇게 질문해 보라.

“사장님, 귀하는 모집리쿠르팅전문가가 되었습니까? 설명프레젠테이션 전문가가 되었습니까? 동기부여 전문가가 되었습니까?”

그렇다고 대답을 하지 못한다면 성공적인 네트워커의 길을 가지 않았다는 것을 확인할 수 있을 것이다.

한국에서 모회사의 사업으로 성공한 K씨는 열정적으로 ‘N’사의 사업을 하고 있는 1년차 L씨를 보자 1년 안에 돈부터 벌어야 한다는 얘길 했다.

물론 L씨는 3년 안에 단계적으로 성공할 것이라고 했다. 지금도 그는 나름대로 정한 기준이 있어 성공했다고 생각한다. 물질의 동기부여도 중요하다.

그러나 물질적 동기부여보다는 우선적으로 정신적 신뢰와 믿음의 동기부여가 선행되어야 한다.

또한 타 예외마케팅 경험이 전혀 없는 초기사업자가 네트워커로서 1년 미만의 단기간에 고소득(?) 우리가 소위 말하는 성공을 할 수 있다면 그것은 아마도 피라미드일 가능성이 크다. 물론 일부 능력이 타의 추종을 불허할 만큼 걸출한 사람은 가능하겠지만 말이다.

현재와 미래의 나를 진단하고 지금부터 준비함에 있어서 가치관을 정립하고 이러한 성공전략을 세워 배우고 실천하는데 끈기, 오기, 독기가 필요함을 잊지 말자.

끈기, 오기, 독기만 있다면 당신은 반드시 네트워크 비즈니스 안에서 성공할 것이다. 반대로 끈기, 오기, 독기 없이 어떤 일에서도 성공할 수 없음을 기억하라.

PIM의 10Q와 예외 마케팅 리더의 5가지 덕목

PIM의 10Q

　인생의 지도 위에서 PIM를 통해 현재 자신의 위치와 상황을 점검하고 자신의 총체적인 생애를 설계하는 것. 정밀한 설계도로 튼튼한 건물이 지어지듯, 행복하고 성공적인 인생을 살기 위해서는 잘 짜인 인생설계도가 필요하다. 성공설계지도가 되는 IQ, CQ, DQ, GQ도 중요하지만 이보다 휴먼인테크H. P. T와 MQ를 밑바탕에 두고 EQ, PQ, AQ, SQ, NQ지수 중 2~3가지 이상을 끈기, 오기, 독기를 가지고 평균이상으로 끌어올리면 충분히 일정 성취가 가능하다.

PIM+PIM

PIM케어CARE에서는 개인정보관리와 끈기·오기·독기로 나눠 두 가지의 의미를 얘기하고자한다.

● PIM 외적인 성공조건 : 개인Personal 정보Information 관리 Management.

컴퓨터용어인 PIMPersonal Information Manager은 개인 정보 관리용 소프트웨어 영역으로, 개인적으로 자신과 상대의 필요한 모든 정보, 예를 들어 전화번호부, 주소록, 스케줄 관리, 상담 관리, 메모리 관리 등의 기능을 모두 제공한다.

유비쿼터스 시대에 PIM은 개인비서기능을 가지고 있다. 필요한 조언을 개인의 요구에 따라 알려주고, 관리가 필요할 때 비서로서 개인의 니즈를 반영한 매니저 역할을 담당한다. 예를 들어 사내 주소록에서 김 부장을 찾아주소록, Address Book, 김 부장이 현재 외근중이라고 할지라도 대화 가능하다는 것을 확인하고프레즌스, Presence, 스마트폰으로 웹 컨퍼런싱Web Conferencing을 신청하여 향후 사업단계에 대한 간단한 조언과 피드백을 받는다. 이와 연계하여 내일 K社 담당인 최 과장 및 오 대리와 회의할 필요가 있어 스마트폰으로 그들의 일정과 전략기획실 소회의실 사용 가능 여부를 파악하고 회의 일정을 예약하고 동시에 그들의 일정을 파악하고 회의 시간을 반영했다. 최 과장과 오 대리는 김 부장이 결정한 자신들의 일정을 스마트폰에서 실시간으로 공지 받게 되고 스케줄 일정에 따라 자동 저장된다.

● PIM 내적인 성공조건 : 끈기Perseverance, 오기Indomitable, 독기Malice.

개인정보관리의 외적인 장점을 가지고 있다고해도 결국 끈기Perseverance, 오기Indomitable, 독기Malice를 가지고 10Q지수를 성장 발전시키지 못한 성공이란 요행수에 불과해서 모래 위에 성을 쌓는 격으로 유지가 어렵다.

성공지수 10Q

PIM개인정보관리Personal Information Management와 PIM 끈기 Perseverance, 오기Indomitable, 독기Malice를 가지고 10Q를 개발하자는 말은 자신뿐 아니라 사회적 관계성에서 각자의 개인정보관리와 끈기, 오기, 독기를 가지고 성공지수 10Q를 개발 하자는 것이다. 이는 교육과 경험을 통해 지식과 지혜를 높이고 주변 환경을 파악하여 관계를 원활히 하는데 필요한 사회성 지수로 함축할 수 있다. 때문에 10Q는 리더가 되는 조건이면서 동시에 성공적인 삶의 근본지수이다. 또한 원만한 조직생활을 위해 객관적으로 평가할 수 있는 꼭 필요한 조건이다.

1. AQ역경지수 adversity Quotient &

    성취지수교육, 학업 achievement Quotient

2. CQ창조성 creative Quotient

3. DQ디지털 수용성 Digital Quotient

4. EQ감성 emotional Quotient

5. GQ세계성 globalization

6. IQ지성 intelligence quotient

7. MQ도덕성 Moral Quotient

   MQ금전지수 Money Quotient

8. NQ네트워크 공존성 Network Quotient

9. PQ열정성 passion Quotient/Enthusiasm

10. SQ1사회성sociality ; social Quotient

   SQ2영성 spirituality ; spirit Quotient

   신념 belief or conviction

유대인식 교육 방법을 통해 지성IQ, 감성EQ, 인성PQ, 영성SQ을 겸비한 인재를 양성하고 있다는 기독교육안에는 특별한 것이 있다. 바로 SQ 종교적으로는 영성을 의미하지만 일반적 사회 조직에서 SQ는 사회적응능력 즉, 사회성의 척도를 나타내는 지수다. 또한 사람들 안에 내재하고 있는 오감을 활용한 육감적인 직감의 감각적인 반응성이다. 이것이 신념인데, 때문에 필자는 SQ1과

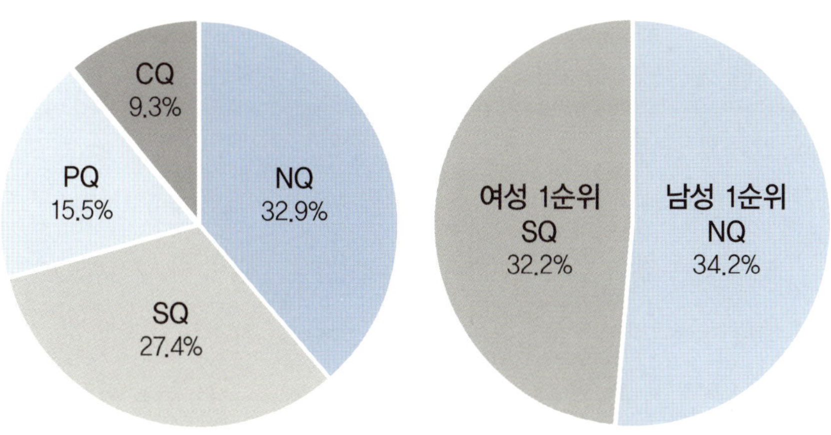

SQ2로 구분하고 나눈다.

온라인 취업사이트 사람인www.saramin.co.kr 대표 이정근이 직장인 711명을 대상으로 "사회에서 성공하기 위해서 가장 필요한 지수는 무엇이라고 생각하십니까?"라는 설문을 진행한 결과, 32.9%가 'NQ인맥, 공존 지수'라고 응답했다. 그다음으로는 'SQ사회성 지수' 27.4%, 'PQ열정 지수' 15.5%, 'CQ창조성 지수' 9.3% 등의 순이었다.

성별로 살펴보면 남성은 'NQ' 34.2%, 여성은 'SQ' 32.2%를 1순위로 꼽았다.

보통 지능지수라 불리는 IQ. 그러나 여기에서는 단지 지능지수를 가리키는 말이 아니라 아이디어와 창의성 지수로서의 IQ를 말한다. 자유로운 사고를 할 수 있는 지적 유연성을 가진 아이로 키워야 한다는 뜻을 내포하고 있다.

결론부터 말하자면 대부분 보통 사람들의 IQ는 비슷해서 80% 계발 가능한 나머지의 9Q지수를 높이려는 노력과 결과가 성공의 근간이 된다.

사람은 누구나 외면적인 모습으로 구분이 가능하지만 내면적인 모습은 잘 구별하기 어렵다. 결국 똑같은 사람이 단 한사람도 없다는 얘기다. 이렇게 저마다 타고난 외적인 체질과 내적인 독립된 성향의 특기적성을 가지고 태어났다고 한다.

각자 다른 특성을 가진 사람들을 외면적으로는 생김새로 호감인지, 비호감인지 또는 흑인종, 백인종, 황인종 등의 피부색을 근거로 시각적으로 구분할 수 있지만 내면으로 상대를 구분할 수 있는 것은 오직 교육에 의해 구분할 수가 있다.

교육적으로는 IQ로 측정이 되고 EQ로 측정이 된다. 또한 AQ, CQ, DQ, MQ, NQ, PQ, SQ1, SQ2 등으로도 구분할 수가 있다. IQ는 지능지수로 수리계산능력 즉, 공부를 할 수 있는 능력지수라고 해도 과언이 아니다. 그러나 성공은 IQ로는 부족하다. IQ는 평범하더라도 다른 9가지 지수Quotient중에서 2~3가지만 충족된다면 충분히 성공의 동선 안으로 들어올 수 있다.

AQ 역경지수

역경지수는 자신의 어려운 한계를 끈기, 오기, 독기로 이겨내는 참을성의 인내지수라고 하겠다. 어려움과 고난을 많이 겪으면 경험의 노하우가 쌓여 수용성의 성장으로 이어진다. 이러한 사람이 긍정의 마인드라면 한계극복을 통한 인격성장으로 이어지고 이는 결국 경험을 바탕으로 한 역경지수가 높아지게 된다. 따라서 AQ가 높은 긍정적인 사람이라면 어떤 일에서든지 성공자의 모습으로 더욱 빛을 발하며 우리 앞에 서게 될 것이다.

CQ 창조성 지수

변화를 통해 새로운 것을 받아들이고 창조하고 혁신하는 과정의 수용성이 즉 도전정신은 창조성을 발현시키는 첫 단추이다.

DQ 디지털지수

말 그대로 디지털에 대한 이해력 지수. 단순히 컴퓨터 응용기술, 활용 능력만을 말하는 게 아니라 지식정보기술 체계에 대한 전반적인 이해력의 필요성을 나타내는 지수이다.

EQ 감성지수

EQ가 높으면 감정이입 능력이 탁월하며 느낌이라고 말하는 직감 또한 발달된다. EQ가 높을 때 타인의 감정에 이입하는 능력이 커진다. 원만한 대인관계는 EQ가 바탕에 깔려 있어야 한다. EQ는 자신과 상대를 터치하는 인간성의 척도라고 표현할 수가 있고, "사람이면 사람이냐 사람이어야 사람이지." 라는 말이 이에 속한다고 볼 수 있다. 고강도 감성 하이터치 EQ는 늘 이야기 꺼리를 만들어서 주위에 늘 많은 사람들이 몰려든다.

GQ 글로벌지수

FTA와 같은 경계가 없는 자유무역세계에서 살아남기 위한 세계인으로서의 양식과 올바른 가치관을 가지는 것. 지구촌 시대를 살아가는 우리 자녀들은 한국인인 동시에 세계인이라는 거시적 시각으로 분명한 자의식이 있어야 한다.

MQ 도덕성지수

양심에 어긋나지 않게 행동하는 것을 말한다. 쉽게 말해 '준법성'인데, MQ는 자녀가 부모에게서 가장 큰 영향을 받는 부분이라 할 수 있다. 부모가 양심적이면 자녀의 MQ가 올라가고, 부모가 비양심적이면 자녀의 MQ는 떨어진다. 이는 직장의 상사와 부하와의 관계성에도 그대로 적용된다. MQ는 사회기준성 또는 민주적 자유의 기준성이다.

필자는 MQ도덕성지수Moral Quotient를 MQ금전지수Money Quotient로서 사용하기도 하는데 이는 도덕성지수 안에 포함된 H. P. T금전지수이다.

NQ 인맥, 공존 지수

네트워크지수는 공존이라는 관계성을 통한 상호 윈-윈 지수이다. 때문에 NQ는 다른 말로 관계성이다. 필자가 〈제5 한반도물

결 피플니즈〉에서 말하고자한 H. P. T 관계성과 같다.

우리는 사람과 자연 모든 사회와 공존 공영해야 한다.

오스트리아의 경사진 곳에 있는 숲에는 이런 경고가 붙어 있다. '나무들 중 어느 하나라도 베면 사형을 받게 될 것이다.' 이와 같이 중벌을 내리는 데는 이유가 있다. 그 나무들이 산에서 내려오는 눈사태를 막아 그 도시를 보호해주기 때문이다. 만일 그 자연적인 보호방벽이 없다면 눈사태가 수천 채의 집들을 덮칠 것이다.

그래서 러시아 군대가 그 곳에 진격하여 땔감으로 그 곳의 나무들을 베기 시작했을 때 원주민들은 차라리 자기들의 집을 대신 사용하기를 간청하였던 것이다. 자신들의 집은 다시 지으면 되지만 나무는 사람이 자라게 할 수 있는 것들이 아니기 때문이다.

강홍수의 〈인생의 저울 공존하는 개미〉에서 영국 생물학자 다윈이 적자생존의 원리를 주장한 데 대해 크로포트킨은 상부상조가 우주생존의 원리라고 반론을 폈다. 이것을 증명해 보이는 한 예가 개미의 생태에 잘 나타나 있다.

개미는 원시시대에는 물고 싸우는 검 같은 것으로 살았으나 차차 목축개미, 농업개미, 공업개미로 진화하여 서로 돕고 사랑하며 살고 있다. 개미에게는 위가 두 개 있는데 하나는 자기를 위한 것이고 또 하나는 저장하여 둔 꿀을 토하여 배고픈 개미에게 나누어 주기 위한 것이라고 한다.

개미, 벌 이런 자연의 곤충들도 함께 살아가는 법, 공존의 법칙을 실천하고 있음을 기억하고 이제라도 네트워크 비즈니스와 함께 사람과 사람이 함께 살아가는 그런 멋지고 행복한 삶의 NQ지수를 높여나가길 기대해 본다.

PQ 열정지수

강렬한 의지의 근간이 되는 것이 PQ지수다. 또는 다른 의미로 'Personality Quotient'의 약자로 표현하는데, 풀이하자면 '인간성 지수'라고도 한다. 또한 PQ는 열정과 신체기능지수로서 손 기술이나 몸 기술 즉, 도장을 잘 판다든지 뜨개질을 잘 한다든지 그림을 잘 그린다든지 춤을 잘 춘다든지 피아노나 다른 현악기들을 잘 다룬다든지, 체조를 잘 한다든지 등 기능의 능력을 표현하고 있다. 이러한 기능들은 하루아침에 자고나면 얻어지는 동화속 신데렐라적인 것들이 아니다. 열정을 가지고 다년간의 몰입하는 노력 없이는 불가능한 것들이기 때문이다.

피겨요정 김연아 선수가 피겨스케이팅을 몇 년 동안 연습했겠는가? 그리고 얼마 후 빛을 보았는가?

마린보이 박태환 선수가 수영을 몇 년 동안 연습했겠는가? 그리고 얼마 후 빛을 보았는가?

　베토벤은 청각장애를 앓고 있으면서도 정열적으로 작곡했다. 그는 최소한 하나의 곡을 12번 이상 다시 쓰기를 반복했다. 베토벤의 나이 25세 무렵1795, 1796 그는 청각장애 증세를 나타내기 시작했다. 이때까지 그가 작곡한 곡으로는 '작품 1번, 트리오' 3곡뿐이며, 초기 소나타 3곡첼로 소나타 2곡이 1796년 발표되었다. 따라서 우리가 아는 그의 전 작품은 그의 청력에 문제가 있는 상황에서 작곡된 곡이라 할 수 있다.

　하이든은 숱한 역경을 겪으면서도 8백곡 이상을 작곡했다. 특히 불후의 명곡 '천지창조'는 그의 나이 66세 때 발표한 곡으로 나이를 초월한 그의 창작 열정을 보여주고 있다.

　레오나르도 다빈치는 그의 걸작 '최후의 만찬'을 무려 10년에 걸쳐 그렸는데 그림에 너무 열중해 하루 종일 먹는 것조차 잊을 때가 다반사였고 그림이 완성되고 난 후에는 고개도 삐딱해졌다고 한다.

　우리가 즐겨먹는 KFC의 '커넬 할랜드 샌더스'이 할아버지는 그의 나이 40에 요식업을 부업으로 시작해서 60세가 넘어서 자신의 프랜차이즈사업을 위해 미국 전역을 돌아다니기 시작했다. 당연히 수없는 거절과 멸시를 받아야만 했겠지만 결국 그의 나

178

이 65세 때 비로소 프랜차이즈 사업이 대성공하게 된다. 생각해 보라! 자신의 요리방법, 요리소스가 최고라고 말하며 바꾸라고 제의했을 것인데, 당연히 샌더슨을 상대한 자영업자들은 당연히 냉소 섞인 반발을 했을 것이다. 이런 강한 반발, 악조건이라 할지라도 지속적인 3기氣의 정신은 역경과 환경을 극복하게 하는 열정을 만든다.

이와 같이 열정을 가지고 지속적으로 노력하는 수고 없이 빛나는 결과를 만든다는 것은 욕심이다. 물론 이 안에 역경지수도 포함된다.

SQ 사회성지수

SQ는 쇼셜네트워킹 능력의 지수이다. '눈치'로 풀이되는 사회적 지능 지수다.

'SQ지수가 부족하면 사회적 적응장애의 원인이 되기도 한다.'

눈치코치가 일상생활에 필요한 덕목으로 대두 되는 것과 같은 집단 및 다른 대인관계에서 어려움을 보이는 사람과 대상으로 집단 구성원과의 상호경험을 통해 자기표현 기술과 상호작용 하는 방법을 익히고 자신은 물론 타인에 대한 이해를 증진시켜 다양한 문제해결 및 전략사고의 필요한 능력지수이다. 이렇게 자신의 위치와 연령에 따른 적절한 사회적응 기술을 습득함으로 사회적 관계에서의 적응력을 키워 성공하게 되는 중요한 부분이다.

최근 직장인들 사이에서 관심을 받고 있는 사회적 지능지수 SQ Social Intelligence Quotient가 학문적 체계의 근간을 마련하는 듯하다.

오스트리아의 학자 '볼프 싱어'와 미국 심리학자 '대니얼 골먼'은 공식적으로 인간의 신경계에 SQ의 존재를 제기했다.

그동안 정확한 학문적 이론과 실험결과 없이 SQ 실체에 대한 추상적인 주장은 끊이지 않았는데 실제 1990년 오스트리아의 학자 '볼프 싱어'도 인간에게 제3의 지능인 SQ가 있다고 주장했다.

싱어는 인간의 머릿속 뉴런 다발이 진동하면서 파동을 따라 경험을 통합하고 의미를 갖게 한다는 사실을 발견했다고 당시에 발표해 큰 관심을 모았다. 특히 뇌신경 조직에는 IQ지능지수의 기초가 되는 순차적 신경 연결과 EQ감성지능지수의 기초가 되는 신경망 조직 뿐만 아니라, SQ의 기초가 되는 신경 진동 과정도 있다고 주장했다. 즉 인간은 신경 진동을 통해서 경험의 의미와 가치를 파악하고, 삶의 목적을 결정할 능력을 갖게 된다는 것이다. 특히 SQ는 IQ, EQ와 마찬가지로 훈련과 학습을 통해 높일 수 있으며 측정도 할 수 있다고 주장했다. 훈련과 학습을 통해 SQ를 개발, 발전시킬 수 있다는 것이다.

이런 가운데 최근 미국의 한 과학자가 한층 구체적인 주장을 펴 큰 관심을 모으고 있다. 미국의 심리학자 대니얼 골먼은 최근 인간의 두뇌능력에 사회적 지능지수라는 새로운 지표를 추가했다고 발표했다. 일부의 주장으로 논의되던 주장이 언론을 통해 공식적으로 발표된 것이다. 그는 10년 전 EQ에 관한 책을 써 세계적 신드롬을 불러일으키기도 했던 인물이었기에 이번 발표는 더 큰 관심을 모았다.

골먼은 '워싱턴포스트' 기고문을 통해 인간에게는 IQ와 EQ, 역경을 이겨내는 역경지수AQ 외에도 사회적 교류를 관장하는 SQ가 있다고 주장했다.

골먼에 따르면 SQ는 두 사람이 동시에 웃음을 터뜨리거나 첫 키스를 하는 연인이 비슷한 속도로 입술을 가져다 대는 현상에서 드러나는 것처럼 타인과의 교감과 사회적 상호작용을 통제하는 두뇌의 조절능력이라고 주장했다.

그는 특히 "SQ는 다른 사람에게 호감을 주고 상대방의 감정과 의도를 감지하는 능력에서 더 나아가, 자기 두뇌의 신경회로를 상대방 두뇌의 신경회로와 눈에 보이지 않게 연결하는 능력도 포함하고 있다"고 주장한다. 물론 이런 사실이 신경과학계의 최근 연구를 통해 밝혀졌다는 말도 덧붙였다. 또 이메일 등을 통한 원거리 협업이 늘고 인적 네트워크가 다양화되는 현대사회일수록 SQ가 뛰어난 사람에 대한 수요가 늘어날 수밖에 없다고 골먼은 설명한다.

IQ, EQ, PQ 이 세 가지는 기본적인 사람의 분석지수이다. 이 지수를 잘 분석해보면 큰 방향의 진로가 보이게 되는 것이다.

그러나 직장생활과 사회생활에서는 NQNetwork Quotient:인간관계지수 또는 공존지수, SQ가 중요하다. 그물net이 크면 어부가 고기를 많이 잡을 수 있고, 그물이 작으면 고기를 많이 잡을 수가 없듯이 인간관계의 그물도 커야 도움을 주고받는 상생을 통해 출세할 수가 있는 것이다.

즉, 주위 사람들과의 휴먼 인테크 H. P. T 관계가 좋으냐? 나쁘냐? 에 따라 승패를 좌우하는 것이다.

산속동물의 왕자 호랑이가 사냥꾼의 큰 그물에 걸려서 꼼짝도 못하고 있었다. 이 때 5cm의 세계에서 가장 작고, 입 안 가득 독을 품고 있는 가장 사나운 포유동물 포악뒤쥐shrewmouse가 그

광경을 지켜보다가 그냥 지나치려하자, 상황이 절박해진 호랑이는 뒤쥐에게 그물 좀 잘라달라고 눈물로 애원했다.

"흑흑흑 뒤쥐야! 제발 그냥 가지 말고 이 그물 좀 잘라주지 않겠니?"

이 때 뒤쥐가 생각해 보니 평소 호랑이한테 해를 당한 게 없으니 도와주자고 생각하고 호랑이에게 가까이 가서 그물을 입으로 하나둘 잘라 주었다. 호랑이는 뒤쥐 때문에 풀려나 자유를 얻었다. 뒤쥐가 평소 호랑이한테 불이익을 받아 관계가 나빴다면 절대로 그물을 잘라주지 않았을 것이다.

대인관계지수

IQ, EQ, PQ는 학교에서 교육을 하는데 중요한 역할을 하지만 AQ, MQ, NQNetwork Quotient:인간관계지수 또는 공존지수, PQ, SQ는 사회생활에서 대인관계에 이르기까지 폭 넓게 대단히 중요한 역할을 한다.

학교에서 공부를 해서 대학에 입학하고 자격시험에 합격을 하고 입사시험에 합격하는 것은 IQ가 큰 역할을 하는데 앞에서 언급한 것처럼 사실상 IQ는 보통사람들이면 거의 비슷비슷하다.

단, 자기계발을 통해 누가 더 노력을 하느냐? 학교에서 누가 더 수업을 잘 받느냐가 중요한 것이다. "1%의 두뇌와 99%의 노력" 이라는 말이 이를 뒷받침 해 주고 있다. PQ열정이 없다면 집중할 수 없고, AQ가 부족하다면 끈기, 오기, 독기 또한 부족해서 성과를 낼 수 없다. 또한 NQ와 SQ가 부족하다면 상대의 도움을 받기 어려울 것이다. 여기에 도덕적 기준이 없는 성과라면 가치적인 의미가 없는 것은 너무나 당연하다.

학교공부를 잘하는 데에는 IQ, EQ, PQ 3가지 지수가 함께 있어야 잘 할 수 있다. 보통은 공부하고 연구하는데에는 IQIntel licence Quotient:지능지수가 중요하다고 생각하고, 좋은 인간관계를 이루는데에는 EQEmotional Quotient:감성지수가 중요하다고 생각한다. 그리고 개인의 기술, 기능, 솜씨를 나타내는 데에는 PQPhycomotive Quotient:기능적 지수가 중요하다고 한다. 물론 맞는 말이지만 실제로 공부하는 데는 IQ 뿐 아니라 EQ, PQ가 함께 있어야 더 잘 할 수 있다. 열정이 있어야 공부에 몰입할 수 있고 감성이 있어야 지식을 느낌으로 우뇌에서 좌뇌로 두뇌 시스템이 연동되면서 받아들일 수 있기 때문이다. 여기에 인내의 역경지수AQ, 그리고 관계십을 통해 친구나 동료로부터 도움을 받을 수 있는 NQ, SQ가 중요한 역할을 감당하고 있다는 사실을 인식하길 바란다.

실제로 공부 잘하는데 그리고 사업과 성공적인 인생을 설계하고 살아가는데 10Q 모두가 중요하여 어떤 일이나 종합적인 큰 성과를 이루고자 한다면 반드시 필요한 것들이다.

옛날에는 가정이 좀 어려운, 이 장에서 말하는 역경지수AQ가 높은 학생들이 성적도 좋고, 좋은 대학에 장학생으로 입학하거나 검정고시 고득점자 등 큰 시험에 합격하는 비율이 높았었다. 그래서 개천에서 용龍 났다는 말을 많이 했었다. 그러나 지금은 가정이 어려운 학생들이 대부분 성적이 떨어지고 있다.

이는 조선시대의 과거제도와도 흡사한 모습이다. 양반집 자제들이나 서당에서 공부하고 시험에 응시할 수 있었던 것처럼 빈익빈 부익부로 가난한 가정의 아이들은 양질의 학원이나 과외를 받지 못하기 때문에 공부를 못할 수밖에 없다고 한다.

경제적 여유가 있는 가정은 사교육비를 많이 지출하고 있다. 즉, 학교수업 이외에 개인교사, 소그룹지도, 맞춤식 교육을 통해 쪽집게 과외 등으로 고도의 학습능력과 성과를 내고 있기 때문에 성적이 오를 수밖에 없다는 것이다. 그나마 자기주도 학습, 셀프 학습 등 홀로서기 자율학습과 선생님의 지도를 철저히 따르는 소수의 학생은 간혹 성적이 우수하고 학교생활도 모범적이며 행동 또한 곧고 올바른 경우가 있다. 이런 학생은 AQ, PQ, MQ, NQ, SQ기준을 가지게 된다. 물론 옛날보다 숫자가 확연히 감소했을 뿐이다. 빨리 학교의 공교육이 더욱 활성화되어 학원이나 과외를 받지 않아도 성적이 향상될 수 있도록 되어야 하겠지만 아직까지는 우물에서 숭늉 찾는 것이 아닐까 싶다.

우리 사회가 준비가 덜 된 듯하지만 학교교육이 잘 되서 개천에서 용龍났다는 말들이 지방의 중소형도시나 대도시 할 것 없이 많이 나와야 한다. 개천이나 호수, 강이나 바다, 산과 들 할 것 없이 우리 사회의 리더龍들이 많이 나오면 우리나라는 초일류 국가로 자리매김될 것이다.

공부 뿐만이 아니다. 부자의 반열에 오르는 사람도 예전에는 열심히 노력하면 꺼리가 있었다. 그러나 요즘은 꺼리가 없다. 물론 돈이 없기 때문이다. 돈이 돈을 부르는 것은 누구나가 다 아는 사실이다. 부의 세습 또는 상속으로 부자 아버지 밑에 부자 아들이 나오는 사회 상황에 '웅진의 윤석금회장'같은 경우는 기존의 잘 짜여진 판에서, 꺼리가 없는 경제의 판 속에 그들만의 세상에서 역경을 이기고 그룹을 이루었기 때문에 화제가 되는 것이 아닐까라는 생각이 이쯤에서 자연스레 든다. 그러나 아직 우리에게도 기회는 있다.

현 사회에서 유산을 물려줄 수 있거나 받을 수 있다는 것은 존경스러운 일이 결코 아니지만 부러운 것은 어쩔 수 없는 현실이다. 그렇다면 이제부터라도 자신이 성공해서 유산을 만들고 단순히 물려주는 차원을 넘어서 물려받게끔 하면 될 것 아닌가?

그러기 위해서는 아이템을 잘 선정하고 원만한 인간관계와 적절한 시기를 선점할 수 있어야 한다.

감성사회의 요즘 위대한 유산을 물려주는데까지 성공하려면 IQ, CQ, DQ, GQ도 중요하지만 이보다 휴먼인테크 H. P. T와 MQ를 밑바탕에 두고 AQ, EQ, NQ, SQ, PQ 지수 중 2~3가지 이상을 끈기, 오기, 독기를 가지고 평균 이상으로 끌어올리면 충분히 일정 성취가 가능하다. 더불어 이러한 유산은 대인관계로 얻어지는 물질유산과 정신유산 두 가지를 얻게 되는 일석이조의 최상의 가치라는 점을 주목해야 한다.

예외 마케팅 리더Leader의 5가지 덕목

여성의 포기하지 않는 열정 그녀들의 전유물인 끈기, 오기, 독기, 한恨이 서려 사회, 정계, 경제 진출했다고 할 수 있다.

만약 당신이 실패를 경험하고 있다면 반드시 찬란한 성공이 눈앞에 와있음을 기억하고 끈기, 오기, 독기를 가지고 지속적으로 반복적인 행동을 하라.

1. 비버의 불굴의 정신과 집짓기

"성공하고 싶은 리더라면 실패를 두려워마라."

'실패는 최고의 스승이다.' 단지 하나의 과정이다.

성공하는 사람은 포기하지 않는다. 실패했다면 포기한 것이 원인이다.

전기를 발명할 때 '토머스 에디슨Thomas Edison'은 기자가 "당신은 3,900번 이상 실패할 때 왜 포기하지 않았느냐?" 라는 질문에 그는 "단 한 번도 실패한 적이 없다." 라고 했다. 실패할 때마다 전기가 켜지지 않는 또 하나의 이치를 깨달았다고 한다. 실패는 성공으로 가는 과정이다.

위대한 일을 이루어 내는 사람은 실패를 두려워하지 않는다. 승자의 눈에는 실패가 최고의 스승으로 보이기 때문이다. 실패에 대한 올바른 태도를 발전시킴으로써 실망을 위대한 성공으로 바꿔 나간다.

"결코, 결코, 결코 포기하지 마시오!" 포기하는 것이 가장 비겁하고, 쉬운 것이다. 저항의 적은 편안한 길로 안내해 인격 도약의 기회를 빼앗는다.

비버란 동물은 자신의 집을 부서 놓으면 옆에 다시 집을 짓는다. 절대 포기하지 않고 끊임없이 반복적으로 집을 짓는다. 동물의 왕국이나 동물 다큐멘터리에서 비버의 행동습관을 관찰해 보면 집을 짓는데 있어서 절대 포기란 없다.

습관이 끈기를 만든다. 역으로 끈기가 습관을 만든다. 곧 습관은 반복이다.

그만두는 것은 선택 사항으로 생각해서는 안 된다. 결과를 만들 때까지 끊임없이 노력하고 시도하라! 우리가 자기 자신에게 줄 수 있는 가장 큰 선물 중 하나는 그만두지 않겠다고 약속해 주고, 인내하는 것이다.

실패라는 시행착오가 있을 수 있는 일이라 생각하고 어떤 사건도, 어떤 사람도, 어떤 실망도 이 일을 그만두게 하지 못한다는 결의를 다질 때 우리는 그것이 무엇이든 그것을 뚫고 성공을 향해 나아갈 수 있다.

2. 하고to do, 되면to be, 가진다to have

무엇인가 가지려면 갖기 위한 순서가 있다.

그 중 제일 먼저 해야 할 것은 가지기 위해서 '하는to do' 것이다. 이렇게 하나하나 하면, 하나하나 되어 내면적인 또는 외면적인 것들이 '되고 to be' 되다보면, '가질to have' 수 있는 것이다. 즉 순서에 따라하고 습관이 되는 과정으로 얻어낼 수 있는 결과이다.

습관은 끈기를 가지고 반복적인 행동이 뒤따를 때 생겨난다. 끈기로 습관을 가지게 하고, 오기를 가지게 되면 원하는 것을 갖는다. 그리고 오기를 가지고 독기까지 가진다면 자신이 살아 숨쉬는 한 이루고자하는 성공에 끝내 도달할 수 있다.

성공에 기본이 되는 노력은 그 자체를 기본적인 베이스로 두고 하는 것에서 그 노력의 시작이 온다는 것이다. 하고, 또 하고, 이 노력 안에는 준비과정도 포함된다. 하고, 하자, 하는 일에 철저한 조사 및 준비, 그리고 행동하고, 또 행동하고 자신의 내면적 성장과 마인드가 가지려는 꿈과 목표, 동기부여가 충천할 때 외면적 옷차림이나 자세가 하면 할수록 프로적인 자세가 습관이 되어지기 시작하는 것이다. 이렇게 내면적 자세가 되고 행동이 될 때

가지려고 하는 결단의 욕구와 요구가 있어야 비로소 가질 수 있는 것이다.

하지 않으면서 되기만 바라고, 하고 되었다고 해서 무조건 가질 수만 있는 것은 아니다.

욕구와 요구가 강력할 때에 자연적 성취 또는 물리적, 결과적 성취를 가진다. 가진다는 것은 내 것이 된다는 나의 결과물인 것이다.

가끔은 노력하지 않은 사람이 요행수로 또는 얼떨결에 자신의 의지와는 상관없이 되는 경우가 있으나, 이것이 진정으로 자신의 것이 될 수는 없다. '하는' 과정이 없기에 '가질' 수도 없는 것이다. 설령 가졌다고 해도 진정한 의미에서 장기적인 결과에서 물질적인 것이든, 정신적인 것이든 자신의 것으로 소유할 수 없는 것이다.

수영선수가 있다고 하자 신체적 조건이 좋고 타고난 감각이 있어 수영 선수가 되었다고 해보자 노력하는 과정이 없는데 1등이라는 성적을 가질 수 있겠는가. 얼떨결에 타고난 자질 때문에 수영선수가 되었다고 하더라도 그 결과를 '하고'의 과정 없이는 불가능하다. 또한 '하고'의 과정이 있다고 하더라도 '되고'의 과정 즉, 국가대표, 올림픽 대표가 되는 과정이 없다면 가질 수 없는 것이다. 실명을 거론하면 선명하게 느껴질 것이다. '세계피겨스케이팅 선수권대회, 2010밴쿠버 캐나다 동계올림픽 여자 싱글 정상의 피겨요정 김연아', '베이징 올림픽 금메달리스트인 박태환 선수' 이들이 하는 행동의 과정은 빙상에서 1년에 1만 번 가량 넘어지고 넘어져도, 물속에서 수영장 물이 코로 입으로 들어가고 다리에 쥐가 나고 쥐가 나도 수없이 훈련하는 과정의 노력이 없었다면 국가대표로 선발될 수 없었을 것이다. 이런 결과로 국가대표가 되는, 또한 '하고, 되고'의 과정을 거쳤다 하여도 세계피겨스케이 팅선수권대회나, 베이징올림픽에 출전하여 금메달을 목에 달려는 갖고자 하는 욕구·욕망이 없었다면 결코 금메달을 목에 걸 수 없었을 것이다.

3. 리더는 여자가 되라

생각하는 리더로 사업가로 성장하라!

21C 정보화시대 사회적 조직적 리더는 높은 언성과 강한 지시어, 혼자만의 고민이 많은 부성애의 남성보다는 상냥하고 친근하며, 함께 고민하며 상대의 얘기를 들어주고, 아기를 돌보는 모성애적인 마음으로 상대를 부드럽게 대하는 여성성의 리더십 leadership이 절대적이다.

"어떤 일을 하던지 끈기를 가지고 반복적으로 생각하고 또 생각하라."

남성은 행동으로 말하고, 여성은 생각으로 말한다. 남성은 운동에너지에서 생산적 결과를 얻으려하고 여성은 감성과 감각으로 결과를 만들어간다. 정보화 사회는 행동보다는 생각을 많이 해야 효율적인 세상이다. 때문에 인터넷 쇼핑몰의 사업적 주체나 소비자의 성별은 어떤가? 주로 여성들이 많이 하고 있지 않은가? 생각을 많이 하면 예측이 가능하고 그만큼 시행착오를 줄일 수 있어 효율적이고, 생각하고 또 생각한 말들은 상대를 설득하는 설득의 미학이 여기서 나오게 되는 것이다.

오프라인에서의 대화는 온라인으로 들어가고 온라인에서 한

번 올린 말들은 리메이크가 되어 돌고 돈다. 또한 빠르게 확산되어 수정할 타임을 놓치면 소 잃고 외양간 고치는 격이니 다시 한 번 생각하는 꼼꼼한 여성에게 유리한 것이다. 그것이 현실에 좋은 결과를 특히나 리더라면 자신의 조직 구성원들에게 생각하고 결론이 올바르게 난 다음에 말하는 것이 좋다. 우선 말부터 하다보면 그 말이 자신의 인격의 결과로서 결정되기 때문에 말하기에 앞서 많이 생각하고 생각하는 것이 좋다. 인터넷 정보화 사회는 양방향으로 감정과 생각을 공유하게 되면서 커뮤니케이션을 통해 많이 생각하는 사람이 이긴다.

구시대에서는 과감한 행동 결단력이 많이 요구되었지만 지금은 빠르고 과감한 결단력보다는 많이 생각하는 것이 유리하고 도움이 될 때가 많이 있다. 물론 어떤 경우에는 빠른 결단력과 행동이 수반되어야할 것도 있다.

리더가 구축하여야 할 것들

"자신의 비즈니스에 끊임없이 탄력을 불어 넣어라."

새로운 피를 수혈하듯 새로운 사업자를 끊임없이 발굴하고 자신의 조직 인프라로 영접하라. 그러면 자신의 보호벽이 되어 줄 정보 인프라가 될 것이다. 이와 함께 굳건한 소비자기반을 구축하고 그들의 니즈를 파악한다면 소비자의 구매력이 상승한다. 이런 소비자로서의 충실한 참여는 이미 구축된 조직 인프라의 탄력 증진에 기반이 되어줄 것이다.

리더라면 함께하는 사고방식

폴란드의 '바사 공작'과 부인 '카타리나 자겔로'의 사랑은 지금도 사람들의 입에 자주 오르내린다. 폴란드의 '에릭'왕은 바사 공작에게 반역죄를 적용해 '종신형'을 선고한다. 그때 카타리나는 왕을 찾아가 애원한다.

"저도 남편과 함께 복역할 수 있게 선처해 주십시오."

왕은 깜짝 놀라서 카타리나에게 말했다.

"부인은 종신형이 무엇인지 모르고 있소. 죽을 때까지 감옥에서 벗어나지 못하는 무서운 형벌이오. 아무 죄도 없는 당신이 왜 옥살이를 하려는 거요?"

카타리나는 손가락의 반지를 빼서 왕에게 보여주며 애원했다. 그 반지에는 '모스 솔라Mors sola'라는 글귀가 새겨져 있었다. 그 뜻은 '죽음이 우리를 갈라놓을 때까지…….'

"종신형을 받았어도 남편은 여전히 저와 한 몸입니다. 결혼식 때의 약속은 지금도 유효합니다. 저를 감옥에 함께 넣어주십시오."

결국 카타리나는 남편과 한 감방에 투옥되어 17년을 복역했다. 에릭 왕이 죽자 부부는 함께 석방됐다. 이 부부는 결혼식 때의 약속을 끝까지 지켰다. 진정한 사랑은 기쁜 마음으로 고통을 함께 나누는 것이다. 스폰서와 파트너의 관계가 이와 같다. 새로운 사업자를 발굴하는 것도 중요하지만 끝까지 함께 할 수 있는, 나를 따르는 제 2의 카타리나 사업자 동료가 몇 명이나 있는가? 제 2의 카타리나들이 모여 멤버십을 이루어가는 리더라면 행복한 리더로 부와 명예를 함께 얻을 것이다.

4. 조직력과 지도력

리더의 조직력과 지도력은 말에서 출발한다. 제비이지만 존경받는 박학다식의 예능인 '카사노바'1725는 자유와 평등의 메신저 역할을 자처하면서도 119명의 여성과 사랑을 나누었다. 남녀구별이 엄격한 당시의 상황에서도 그가 여자를 후리는 첫 번째 기술은 말에 있었다. 두 번째는 자신의 자세와 상대를 대하는 태도의 행동이다. 세 번째는 환경적인 것을 이용한 것으로 여성을 거느리는 것과 조직을 거느리는 것은 결국 마음을 얻는다는 관점에서 같다.

카사노바는 여성을 후리고 나면 자유와 평등을 주장했던 것으로 추측된다. 조직의 장악력이나 지도력은 카사노바의 세 가지 기술과 평등이 절대적이다.

여성상위시대로 감성정보화사회로 변한 요즘은 여성카사노바가 득세한다. 여성의 조직력과 지도력이 한층 돋보인다.

지도력과 조직력은 리더의 말과 행동, 구성원들 사이에서 리더를 존경하는 마음에서 나온다.

조직력은 믿음에서 나오고, 믿음은 리더의 덕목이고 성공의 첫

걸음이다.

흔하디 흔한 말이 아니다. 말은 생명력이 있다. 내가 오늘 기분이 좋아서 좋은 말을 친구에게 했다면 그 친구도 기분이 좋아져서 주위 사람들과 가족에게 좋은 말로 영향을 줄 것이고 그 가족과 친구가 자신이 속한 사회에서, 직장에서, 모임에서 또 좋은 말을 한다면 이는 그 지역으로 전파될 것이고 결국 사회 국가에도 영향을 주게 된다. 이를 믿으면 이것이 끌어당김의 법칙이고 양자론의 영향력이다.

말은 자기 최면효과를 불러오기 때문에 그 흔한 말 한마디가 동기부여를 통해 자신을 이끄는 원동력이 된다. 또한 사람은 자신의 말에 책임지려하기 때문에 좋은 결과를 얻는 데 효과적이다.

가장 쉽게 할 수 있는 그러나 강력한 동기부여와 성공을 이끄는 원천이 바로 말로서 자기 자신에게 용기를 줄 수 있는, 나를 따르는 주변 사람들에게 용기를 줄 수 있는 생명력은 곧 영향력이 된다.

리더 자신도 동기부여 되어야 하지만 하위 파트너들의 꿈을 파악하고 이를 터치하며 비전을 제시하고 동기부여할 수 있다면 리더로서 이미 조직력과 지도력은 검증이 끝난 것이다.

5. 1인자 같은 2인자

—남편의 조력자에서 파트너로 다시 태어나다

자신을 대신하는 제자양성은 자신을 대신할 인재를 직접 뽑아 가르치고 키우며 늘 함께하는 것이다.

그동안 아내라는 위치는 남편의 비유를 맞추어 힘을 북돋아 주고 집안에서 편히 쉴 수 있도록 집안의 공간을 충분한 휴식 공간으로 만들어주는 배려의 역할이었다. 동기부여를 잘해서 그 결과로 집을 넓혀가고 적금하고 재테크와 살림 등 여러 방면으로 남편을 돕는 역할로 집안에서 2인자 자리만 충실하면 좋은 엄마, 좋은 아내로서 칭송받아 왔다. 그러나 이제 남편을 돕는 차원을 넘어서 오히려 남편들을 능가하는 여성들이 보통의 가정에서 늘어나고 있다. 이런 아내를 둔 남편은 유능한 2인자 파트너를 둔 것이다.

예쁜 아내는 눈을 즐겁게 하지만 지혜롭고 현명한 아내는 마음을 즐겁게 한다고 한다. 현명한 아내는 능력이 좀 있다고 경제력이 있다고 가정에서 함부로 하지 않는다. 집안의 위계질서를 바로 세우기 위해서 오히려 늘 겸손하고 낮은 자세로 남편을 섬기고 존중하기 때문이다. 유능한 아내는 유능한 남편에게서 나온다. 이제 내조와 외조는 가정경제에 꼭 필요한 것이 되었다. 결코 팔불출이 아니다. 유능한 아내를 만들기 위해서 남편의 외조가 필요하듯이 네트워크 비즈니스에 유능한 파트너를 만드는 것은 조직을 살찌우는데 꼭 필요한 수순이다.

"유능한 리더를 양성하라."

"예외 마케팅의 핵심은 인재 양성이다."

"새로운 리더를 키우는 기본 자세"

"훌륭한 리더를 키우려면 목수와 관련된 책을 많이 보아라."

목수가 나무를 만질 때 눈으로 보고 손으로 만져보면 이 나무가 어떤 환경과 여건에서 자랐는지? 나뭇결과 강도는 어떤지? 알 수 있다고 한다. 때문에 목수는 나무의 결을 따라 숙련된 기술로 나무를 다듬는다. 이렇듯이 리더 될 인격과 기술을 다듬는 것이 진정한 리더십이다.

리더십은 직책이 아니라 영향력이고, 조직 내의 모든 구성원들이 어떤 형태로든 영향력 즉 리더십을 발휘할 수 있다.

데이비드 히넌, 워렌 베니스는 〈위대한 이인자들〉에서 그 동안 별로 다루어지지 않았던 2인자의 리더십에 대해 다룬다.

1인자 뒤에는 위대한 2인자가 있다. 우리가 스타를 동경하는 사회 속에서 살고 있지만, 정작 오늘날 우리가 더욱 절실히 필요로 하는 것은 '협력자 또는 파트너partner mind정신' 즉 이인자의 역할이라고 주장한다. 과연 파트너정신이란 무엇이며, 어떻게 하면 파트너정신이 가능할 수 있는가?

빌 게이츠의 친구이자 협력자였던 스티브 발머, 마오쩌둥에게 일인자 자리를 내어 주고 평생 그를 보좌했던 저우언라이, 부통령직을 새로운 차원으로 끌어올린 앨 고어 등 세계적인 정·재계 인물은 물론, 미국 대학 농구의 전설적인 감독 딘 스미스를 40년간 보좌한 윌리엄 거스릿지 같은 스포츠인, 심지어 셜록 홈스와 불멸의 단짝을 이룬 닥터 왓슨 같은 소설속 인물들 속에서 진정한 협력자 정신이 어떻게 구현되는지를 발견할 수 있을 것이다.

2등은 필요 없고 오직 1등만을 부르짖는 시대에 자신의 권리는 하나도 양보할 수 없다는 극단적 권리 주장의 시대에 조직의 성공에 1인자 못지않은 공헌을 했으면서도 모든 영광과 갈채가 1인자에게 쏟아지는 모습을 뒤에서 조용히 미소 지으며 바라보는 것은 결코 쉬운 일이 아님에도 불구하고 그럴 수 있는 힘은 어디에서 나오는 것인가?

위대한 2인자들의 여러 가지 자질은, 조직의 목표에 대한 분명한 의식으로 개인의 성공보다 공동 목표를 위한 협력자 정신을 발휘하게 한다. 그들은 성공을 개인의 명성 추구가 아니라 공동 목표를 위해 창의적으로 일할 수 있다는 사실에서 즐거움과 보람을 느낀다. 그리고 자신의 가치를 다른 사람들의 판단에 맡기지 않는 건강한 자존감이 있다. 자신의 명예욕 보다 조직 속에서 자신의 능력이 가장 효과적으로 발휘될 수 있도록 일하는 자세이다. 그들에게는 심지어 1인자니 2인자니 3인자니 하는 경쟁 시대의 용어 자체가 무색하다. 마지막으로, 최종적인 권한이 없는 2인자로서 영향력을 미치기 위해서는 자신의 리더와 조직 문화에 대한 분명한 인식이 필수적이다.

이러한 2인자의 자질은 단지 스타일의 문제라기보다는 존재와 인격의 문제이다. 진정한 협력자정신은 섬김과 겸손, 훈련된 인격이 전제되지 않는한 불가능하다. 네트워크마케터들은 이러한 파트너정신을 가장 깊게 경험한 사람들 중에 속한다. 모든 영광을 조직과 함께하는 위대한 파트너2인자가 필요하다.

"새로운 조직의 현실을 바라볼 수 있는 더 정확한 프리즘은 1인자들과 2인자들을 능가한다. 그것은 조직의 모든 레벨의 관계를 고려한다." 조직의 모든 구성원들이 파트너정신을 발휘할 수 있는 공조체제 문화를 형성하는 것은 오늘날 모든 조직과 리더십의 가장 중요한 과제라 할 것이다. 사실 소위 1인자라고 하는 사람도 따지고 보면 모두 중간 관리자이다.

　1인자 역시 조직의 소유주라기보다는 조직의 목표와 구성원들을 위해 봉사하는 사람이기 때문이다.

　일반 사업이나 사회에서는 자신과 비슷해서 자기 뜻을 잘 받들지만, 자기보다는 한 수 아래여서 자신의 위치를 위협하지 않는 사람이 2인자로서 최고라고 하겠지만, 합리적이고 진정한 정통 네트워크 마케팅에서는 2인자가 1인자를 능가하여야만하고 반드시 추월할 수 있어야 한다. 또한 스폰서일인자는 파트너이인자가 자신을 능가하도록 늘 옆에서 돕고 자신을 앞지르길 간절히, 아주 간절히 바란다.

협력자정신

다양성 안에는 반드시 협력자 정신이 있어야 한다. 이것이 쇼셜네트워크시대의 기본이다.

협력자정신은 2인자 정신과도 일맥상통한다.

아프리카 동물들 중에서 누, 얼룩말, 영양은 같은 지역에 무리, 무리, 무리지어 모여 있는 경우가 많다. 그중에서도 누와 얼룩말은 항상 같이 이동하는데 이유는 사자, 하이에나, 치타, 특히나 발소리도 잘 내지 않는 고양이과의 표범을 피하려면 시각이나 청각보다 후각이 훨씬 더 잘 발달해야 한다.

이런 상황에 누떼와 얼룩말떼는 맹수들로부터 자신들을 보호하기 위한 전략적 동거형태의 동반자인 셈이다. 색맹인 누는 20km밖의 냄새까지 맡는 반면, 후각이 안 좋은 얼룩말은 15km 밖까지 볼 수 있다고 한다. 아스팔트 도로 위의 파란신호등에 횡단보도 위를 지나가는 시각장애를 가진 건강한 청년과 눈은 잘 보이지만 신체장애를 가진 이웃 소녀의 협력관계를 연상해 볼 수 있다.

누와 얼룩말 둘다 풀을 뜯어 먹지만 얼룩말은 긴 풀을 뜯어 먹고 누는 작은 풀을 뜯어 먹는다. 영양은 서로 먹을 것을 사이좋게 나누어 먹는 협동심이 강한 동물이다. 그래서 영양의 무리들

은 같은 지역에서 많은 무리를 지어 다니는 다른 종류의 초식동
물들과 공생하면서 얼룩말, 누와도 사이좋게 지낸다. 왜냐하면
그들은 나무의 잎을 먹어도 각기 저마다의 키 높이에 맞추어 잎
을 먹기 때문이다.

상호 협력하지 않는 집단성과 다양성은 위험만 가중시킬 뿐이
다. 모든 것을 혼자서는 할 수 없는 노릇이다. 때문에 조직이 필
요한 것이고 당연히 협력을 요구하게 된다. 다양성 안에 각자 자
신의 위치에서 최선을 다한 협력은 최상의 가치를 창출한다.

5년 후,
준비된 사람인가

나는 준비된 사람인가

지금부터 준비해서 5년 후 엄청난 반향을 불러일으킬 예외 마케팅, 네트워크를 구성하는 과정에서 핵심 되는 요소는 '나는 어떤 사람인가?'라는 점이다.

네트워커로서 적합한 인물은?

이해심이 많은 사람, 타인이 신뢰할만한 사람, 정직하고 솔직하여 진실한 사람이다. 애써 교묘히 포장하려 하지 마라. 정직이란 기준을 가지고 솔직할 때 이심전심으로 통한다.

또한 건설적인 사람이다. 건설적인 사람은 긍정적이고 창조적인 사람이다.

어제오늘, 하고자 하는 일에 한결같아야 한다. 감정기복이 변화무쌍하면 주변사람들이 힘들다. 이런 성격이 변화하지 않으면 세상 어떤 사업에서도 절대로 성공할 수 없다.

그리고 헌신적이어야 한다. 겉옷을 달라하면 속옷도 주라. 기본을 지키는 파트너의 성공을 위한 희생이 곧 나의 성공이라는 믿음을 가지고 있다면 결코 어려운 일이 아니다. 만약, 내가 그런 사람이 아니라면 바꿔야 한다. 그렇게 되도록 확고한 결단 속에서 노력하고, 인내하는 인고의 과정을 거쳐야 한다.

필자의 경우, 기독교 집안에서 자라 이 문화가 낯설지 않아 적응하는데 수월한 편이었다고는 하나 여러 가지 어렵고 힘든 점들도 있었다. 바로 칭찬, 에디파일, 프로모션promotion 등이다. 물론 유년기, 청소년기 칭찬받을 짓을 하지 않아서 그렇겠지만 거의 칭찬받아 보지 못하고 자란 성장배경이 한 몫 했다. 프로모션도 마찬가지이다.

이렇게 나 자신 뿐만 아니라 대부분의 사람들이 조직속의 사람과 사람사이의 칭찬문화와 프로모션promotion에 익숙하지 않은 것은 대동소이하다. 그렇다보니 인간관계에 의한 무한연쇄판매라는 네트워크마케팅의 특성상 칭찬문화와 프로모션promotion에 빨리 적응해야함에도 불구하고 관계성에서 배우고 격려하는데, 남을 칭찬하는데 익숙하지 않은 어려움이 존재 한다. 여기에 개인의 독창성을 억제해야 하는 어려움도 함께 있다.

아무튼 어느 누구도 나를 변화시켜 주지 못했는데, 네트워크마케팅 안에 끈질기게 붙어있다 보니 점점 변화가 되었다. 그래서 내 자신이 스스로에게 감동을 받게 되었다. "어? 나, 괜찮은 사람이네! 대단하네!"라는 생각이 든다면 정상으로 달려가고 있는 것이다.

우리는 네트워크 비즈니스 시스템을 통해, 나 자신을 극복하고 가능성을 찾아가는 과정을 착실하게 밟아간다면 내 안에 잠자는 거인을 깨울 수 있게 된다. 그래서 네트워크 비즈니스 시스템이 지니고 있는 교육적 가치는 정말 대단하다.

성공자의 향취

꿈과 목표가 분명하다

네트워크 마케팅사업에서도 장·단기 목표가 설정되어야 하고, 이를 달성하기 위한 1주일의 목표와 하루의 오전 오후의 시간 계획이 설정되어야 한다. 강헌구 교수가 '적자생존'을 말하면서 적어야 산다고 표현했듯이 21C새로운 환경에 잘 적응하기 위해 글로 쓴 꿈과 목표의 시각화는 비전 실현가능성을 높여주는 핵심 키워드다. 이는 전 세계 모든 성공자들이 공통으로 말하는 것으로 생각만을 가지고는 구체적으로 보이지 않아 실현 가능성이 낮다.

열린 마음Open Mind을 갖는다.

넉넉한 마음을 가져라.

똑같은 일을 하더라도, 어떤 사람은 아주 즐겁게 하는 반면에 어떤 사람은 괴로워하며 어쩔 수 없이 한다. 누가 성과를 낼지는 물어보나마나다. 즉, 일의 성공과 실패는 능력의 문제가 아니라 마인드의 문제이다.

"피할 수 없으면 즐겨라."

"즐길 수 없다면 끈기, 오기, 독기를 품고 억지로라도 웃어라."

밝은 자화상을 갖는다.

드림리스트를 작성하고 5~10년 뒤 성공한 내 모습을 생생하게 미리 그려보고 자신 있고 당당하게 행동하라.

꿈을 갖게 된 날이 바로 제2의 생일이다. 다시 태어나는 기분으로 강력한 꿈을 찾아라. 한 차원 더 높여 강력한 비전 '꿈 넘어 꿈'을 갖게 된 사람은 정말 대단한 사람이다.

요즘 유행하는 말인 적자생존 "적어야 산다는 말이다."의 글로 쓴 생생한 꿈R=VD이 중요하다는 것을 다시 한 번 강조한다.

긍정과 적극적인 사람

아프리카에 두 명의 신발 세일즈맨을 파견했다. 그곳 원주민들이 맨발로 다니는 걸 보고, 한 사람은 이렇게 보고서를 썼다. '시장성 제로있는 그대로 보는 남성적 시각", 반면에 다른 사람은 이렇게 썼다. '시장성 무한생각하는 여성의 시각' 적극적이고 긍정적인 사람은 현상을 바라보는 눈이 다르다. '때문에because of 부정negation이 아니라, 때문에because of 긍정affirm이다.'

준비된 사람이 쓸모 있는 사람

준비된 사람이 쓸모 있는 사람처럼 쓸모 있는 사람이 준비된 사람이다.

어떤 사람이 실력은 있는데 자세와 태도에 있어 매우 버르장머리 없다면 모래위에 성을 쌓는 격으로 아무짝에도 쓸모없다. 해서 실력보다는 자세, 태도가 더 중요하다. 자세, 태도가 좋은 사람이 쓸모 있는 사람이다. 'Attitude is Everything'이라고 하지 않던가! 나의 자세와 태도가 컨텍contact과 초대invite의 성공 여부를 결정한다. 만약 사업이 잘 안되고 있다면 내 자세you가 보는 I'm와 태도I'm가 you를 점검하라. '내가 뭔가 부족하구나.'라고 생각하라.

자기 그릇을 날마다 닦는다.

내 그릇마인드이 종지만큼 작다면 대접, 항아리로 계속 키워라. 더욱 키워서 내 그릇이 바다를 담을 수 있는 지구라는 그릇만큼 커지도록 하라. 그럼 그릇만 크다면 대수인가 아니다. 그릇에도 금金그릇이 있고 은銀그릇, 동銅그릇, 스텐그릇, 사기그릇, 플라스틱그릇, 그릇의 사용처나 쓰임이가 다르며 값어치가 틀리다. 크고 귀한 그릇이 되어야하고 또한 그릇 안의 내용물이 오염되지 않도록 깨끗하게 늘 주의하라. 아무리 크고 값어치 있는 좋은 그릇이라도 더럽다면 쓸 수 없듯이 내 안에 자존심과 교만을 버리고 겸손한 인간됨을 가지란 뜻이다.

'편승효과'라는 말이 있다. 누구나 성공하는 사람, 잘나가는 사람, 열정적인 사람 곁에 있고 싶어 한다. 성공의 반열에 편승하기 위해서이다. 영국 런던에 가고 싶은 파리는 영국 런던에 가는 비행기에 탑승하는 승객의 어깨위에 올라타면 된다. 자신의 오만한 생각을 버리고 시스템과 잘나가는 스폰서 어깨위에 살짝 올라타기만 해도 성공한다는 것이다. 시스템과 하나가 될 때, 스폰서와 하나되어 성공자처럼 행동했을 때, 결과를 만들 수 있는 컨텍contact과 초대invite가 잘 이루어진다.

덕이 있는 리더에게 편승효과를 얻어라!

독일의 어느 작은 마을에 피아니스트가 살았다. 그는 피아노 독주회를 준비하고 지방신문에 광고를 내는데, 당시의 유명한 피아니스트pianist겸 작곡가인 '리스트'의 제자라고 자신을 소개했다. 물론 거짓말이었다. 그는 단 한번도 리스트를 만나본 적이 없었다. 그런데 공교롭게도 연주회를 개최하기 며칠 전에 리스트가 이 작은 마을에 오게 되었다.

그에게 큰 일이 아닐 수 없었다. 자신의 거짓 약력이 탄로나게 생긴 것이다. 이렇게 되면 음악가로서의 자신의 일생은 끝장나는 것이었다. 전전긍긍하고, 아무리 후회를 해도 늦었고, 달리 도리가 없었던 그는 리스트가 마을에 왔을 때, 그는 커다란 용기를 내어 떨리는 발걸음으로 리스트를 찾아갔다. 그리고 무릎을 꿇고 잘못을 빌었다. "선생님 제가 선생님의 이름을 도용해 제자로 사칭했습니다. 제가 아직 경험과 배움이 부족한 피아니스트인 주제에 감히 선생님의 제자라고 소개했습니다. 저의 잘못을 용서해주십시오." 그러자 리스트가 조용히 웃으면서 대답했다. "당신은 크게 잘못했습니다. 그러나 누구나 실수는 할 수 있는 것입니다. 당신이 얼마나 고민하고, 부끄러워하고, 고통스러워하고, 괴로워했는지, 그리고 내 앞에 나올 때까지 얼마나 용기가 필요했는지 알 수 있을 것 같습니다. 내 앞에서 한 번 연주해 보십시오." 리스트가 그에게 연주를 시켰다. 그는 떨리는 몸과 손으로 리스트 앞에서 피아노를 연주했다. 리스트는 연주를 들으면서 중간중간 연주를 멈추게 하고는 잘못된 부분을 고쳐 주었다. 연주를 마치자 리스트가 그에게 이렇게 말한다. "단 한번이라도 내가 당신을 가르쳤으니 이제 당신은 분명히 내 제자입니다. 그리고 연주회에서 당신 연주가 끝나면 제가 한 곡 연주를 하도록 하겠습

니다. 관객들에게 나를 당신의 스승이라고 소개하십시오." 그리
하여 그 연주회는 엄청난 기쁨과 환희가 있는 감동의 연주회가
되었다.

만약 그가 리스트를 찾아가는 용기를 내지 못했다면? 리스트
가 젊은 그를 가혹하게 대했다면? 상황은 정반대로 전개 되었을
것이다. 결국 젊은이의 용기와 리스트의 덕德이 그에게 편승효과
를 누리게 한 것이다.

성공자가 누리는 다섯 가지 행복

하나, Free day, Free time 무엇이든 할 수 있는 자유이다.

둘, 프리머니free money 경제적 자유로 돈에서 해방된다.

셋, 프랜드십friendship 최고의 친구관계를 형성한다.

넷, 나눔과 자선charity 다른 사람을 도와줄 수 있다.

다섯, 항상 기뻐하고 범사에 감사Thanks and joy한 행복 라이프스타일이다.

보통사람들은 생계 때문에 하기 싫은 일인데도 억지로 할 수 없이 한다. 그러나 예외 마케팅 성공자의 경우 완전한 자유는 아니지만 만족한 자유를 누릴 수 있다.

세상에는 이런 행복을 실현시킬 수 있는 도구가 흔치 않다. 하지만 예외 마케팅 사업은 가능하다. 위에서 제시한 다섯 가지 행복을 내 것으로 만들 수 있는 도구가 네트워크 마케팅이다. 그렇다면 진정으로 결단하고, 사업을 제대로 해야 하지 않겠는가?

예외 마케팅 사업은 "잘"

첫째, 꿈과 목표를 설정하고 시스템 안에서 제대로 한다.

둘째, 어차피 선택한 일 즐겁게 한다.

셋째, 늘 조직 안에서 팀워크를 생각한다.

넷째, 집중한다.

이중에서도 '집중한다'는 네트워크 비즈니스를 성공으로 이끄는 키포인트 역할을 한다. 많은 사업자들이 집중하지 않고 되는 대로 '그때, 그때 달라요'로 분산한다. 미칠 정도로 집중하라. 평범한 일상적인 것이, 기존의 세상풍습적인 것이 재미있다면, 사업에 집중하고 있지 않다는 증거다. 지금부터 멋지게 집중합시다!

꼭 네트워크만이 성공을 위한 미래 대안적 요소라고는 하지 않겠다. 그러나 1%의 특별한 사람들이 아닌 일반인들이 성공할 수 있는 아이템*item*과 사업이 바로 "예외 마케팅 사업"이다.

예외경제 트렌드

점점 양극화되는 빈익빈 부익부의 사회현상은?

보통사람들은 인생 홈런을 꿈꾸지만 홈런은 고사하고 번트도 치기 힘든 상황이다. 이런 세월을 준비 없이 무의미하게 보낸다면 기득권 세력이 던지는 스트라이크 '루킹존' 으로 빨려들어 갈 공산이 크다.

여기서 루킹존·루킹삼진 또는 루킹스트라이크Looking Strikeout 란, 2스트라이크 이후 타자가 스윙 없이 공을 쳐다보기만 한 상태로 삼진당하는 상황을 일컫는 말이다.

"양극화가 두렵다면 그 대안으로 예외경제를 주목하라."

틈새시장＝예외경제

자신의 인생설계 맵핑을 위해 책도 좀보고 주변에 귀 기울이는 노력이 필요하다고 생각되지 않는가?

기득권 세력 혹은 가진 사람들이 너무 많이 갈취하고 있는 이 시점에서 청년실업 문제가 해소될 거라 믿는다면 어리석은 망상에 빠져 있는 것이다. 이런 상황에 '어떻게 되겠지!' 라는 막연한 기대는 자신의 인생을 좀먹는 생각이고 시간들이다.

경제가 어렵다고 그러다가 곧 좀 풀렸다고 하는 이런 시소게임을 반복하면서 서민들은 계속 어려워지고 있다. 시장이 제 기능을 하지 못하는 와중에도 시장이라는 이름으로 특권을 보장받는 세력과 그렇지 못한 세력으로 양극화가 극에 달하고 있는 시점에서 상류층의 양보를 기다리기보다 예외 마케팅 또는 예외경제로 눈을 돌려 보는 것이 가만히 앉아서 기다리기보다 현명하고 확실한 기회가 될 것이다. 단순히 정부의 새로운 정책이나 상류층의 양보로 본질적인 문제가 해결되지는 않는다.

우리 주변에 성공한 사업이나 마케팅 사례를 보면 예외적인 경향과 틈새시장의 기회라고 할 수 있는 분야에서 의외의 결과를 만드는 경우가 많다. 이러한 분야는 당연히 불안한 이목을 끌게 되고 부정적인 시각과 편견, 선입견으로 욕도 먹기 마련이다.

예외경제는 초기에 시작하면 대박이다.

1980년 대 부터 90년대 초까지만 해도 소리 소문 없이 부동산 열풍을 불러 일으켰던 '아줌마 렌드파워' 복부인을 생각해보면 당시의 부동산 투기는 투자라고 하지 않았던 예외경제라고 하겠다. 당시 그녀들이 욕은 먹었으나 지금은 주변으로부터 인정받고 부유하게 잘살고 있다. 보험역시도 억대연봉자들이 탄생했지만 2000년 전 까지만 해도 직업으로서의 가치를 다른 직업군들에 비해 터부시 여기며 인정하지 않는 눈치였다. 이 때까지 만해도 역시 예외 직업군이였던 것이다. 그러나 꾸준히 보험업에 매달린 사람들은 지금 고소득자로 억대연봉을 받고 있다. 그 까닭은 예외직업군 시대에 이들이 먼저 진입했고 묵묵히 어려움을 인내한 때문이다. 사업은 어찌 보면 타이밍을 먼저 잡고 기다림의 인내 게임과도 같다.

'오락이라고 생각하는 인터넷게임에 재미와 재능을 갖고 즐기면서 그 재능으로 성공한다.' 부모들의 눈에 이런 전자오락, 컴퓨터오락은 쓸 때 없는 짓거리로 생각했겠지만 지금은 정당하게 노력한 게임 아이템이나 머니는 팔 수 있는 시대로 진입했다. 이렇게 또 하나의 예외적인 산업이 프로게이머다. 2005년도 까지 만해도 프로게이머가 된다고 한다면 돌출행동 쯤으로 여겼었다. 자녀들이 게이머가 되겠다고 한다면 부모들은 이 무슨 황당한 시츄에이션situation이냐며 다짜고짜 혼쭐낼 것이다. 기성세대들이 인정하는 직업적인 게임의 수준은 바둑의 프로기사, 볼링선수, 선입견이 없어진 프로당구선수 정도라면 직업으로 인정하고 게임이라 할지라도 박수치며 격려할 것이다. 그러나 부모들의 눈에는 기성세대의 잣대가 적용되기 때문에 예외적인 트렌드가 보이지 않는 것이다.

"프로게이머는 예외경제 직업군으로 시작되었다."

누군가는 프로게이머라는 직업군 자체가 없을 때 성공해보겠다고 먼저 자리 잡고 시작했다. 처음에는 직업적인 가치가 정립되지 않은 상황에서 취미로, 재미로, 게임을 잘한다는 이유로 반신반의하며 그저 그렇게 호기심에서 출발했다. 그러나 지금은 될 수만 있고, 된다는 보장만 있다면 무조건 시킬 것이다. 초기에 시작한 사람들은 진입장벽이 낮아 어렵지 않게 즐기면서 시작 가능했겠지만 지금은 낙타가 바늘구멍으로 들어가는 것만큼 어렵다. 'KT롤스터의 이영호, 박지수', '하이트 스파키즈의 박명수', '대한민국 공군 ACE의 김성기', 'SK Telecom T1의 임요환, 이승훈' 등은 기업의 스포츠단의 소속으로 야구, 축구, 농구, 배구의 스포츠 스타 연봉과 비교해도 손색이 없다.

스포츠 의류 업계 최고의 브랜드 나이키Nike의 웹사이트가 구축된 것은 1996년이다. 당시 나이키의 인터넷 진출 목적은 판매가 아닌 오직 브랜딩이었다. 나이키 제품 정보와 스포츠 관련 오락 거리를 제공함으로써 나이키의 브랜드를 인터넷 매체로 확장하기 위한 정도였다. 스포츠 분야별로 나눠진 각각의 페이지에는 상세한 제품 설명과 나이키 전속 모델의 조언, 스포츠 뉴스와 이벤트 등이 함께 실렸다.

다른 스포츠 의류용품 아디다스Adidas, 퓨마puma, 리복Reebok, 다른 스포츠 의류용품 업체에 비해 나이키는 인터넷 전자상거래에 1999년 뒤늦게 뛰어 들었다. 나이키의 주요 경쟁사들은 이미 인터넷 전자상거래 시장에 진출해 있던 상태로 리복의 경우 자사와 계약을 맺은 판매 업체들이 온라인에서도 자유롭게 자사 제품의 홍보, 판매를 권장했을 뿐만 아니라 가격 할인까지 허용해 주었다.

이미지를 파는 광고와 홍보의 나이키의 입장에서는 인터넷 사업 진출은 당연히 문제점으로 생각했을 것이다. 나이키 로고가 새겨져있는 스포츠 의류 제품을 디자인과 브랜딩해서 그 이미지를 TV, 잡지, 신문에 파는 마케팅 자체가 나이키의 본업이었기 때문이다.

그러나 실제로 나이키의 제품을 판매하는 것은 나이키와 계약을 맺은 업체들이었다. 나이키는 직접 마케팅direct marketing을 하는 회사가 아니었기에 나이키 제품의 브랜드 관리를 위해 판매

업체들에 대한 관리는 감독과 통제, 관리 시스템으로 이어졌다. 인터넷 전자상거래는 전형적인 직접 마케팅을 위한 시장이고, 나이키는 전통적인 오프라인 브랜드 기업이라는 점을 감안한다면 둘 사이의 접근은 그리 쉽지 않은 상황이었다.

특히, 나이키가 온라인 판매 시장에 뛰어들 경우 기존의 나이키 판매 업체들과 경쟁을 벌일 가능성이 컸다.

첫째, 나이키 본사에 시장을 빼앗기지 않기 위해 판매 업체들의 가격인하 가능성.

둘째, 나이키 역시 자사의 판매 체제를 유지하기 위해 업체들과 제 살 깎아먹기 식의 과다경쟁 가능성.

셋째, 온라인을 통한 직접 마케팅이 제품 브랜드가치 손상.

인터넷에서 제품을 팔기 시작하면 대면판매가 축소되어 소비자들이 제품의 질이나 브랜드를 직접 접할 기회가 줄어드는 반면, 가격 정보는 얻기 쉬워지기 때문에 너도 나도 브랜드가 주는 질적인 측면이 아닌 저렴한 가격 위주로 제품을 사게 된다는 것이었다. 이럴 경우, 나이키가 수십 년 동안 천문학적인 금액을 들여 구축해 놓은 막강한 브랜드 이미지가 크게 희석돼 버린다는 우려에 다다른다.

그러나 당시 인터넷 전자상거래는 시장의 대세였다. E업체를 비롯해서 수많은 의류 판매 업체들이 골프 의류, 여성 스포츠와 같은 틈새시장을 공략하기 위해 인터넷으로 몰려들었다.

농구공 제조에 있어서 전세계 순위 안에 드는 미국의 농구공 제조회사가 인터넷사이트를 통해 스포츠콘텐츠를 제공하는 회사로 거듭나면서 모체였던 생산라인의 제조회사를 경쟁 농구공 제조업체에 팔고 인터넷의 다양한 콘텐츠와 광고, 홍보, 판매 등의 수익성 모델로 엄청난 흑자를 내고 있다는 얘길 들은 기억이 있다. 물론 이회사도 초기 농구공 판매에만 관심을 가지고 열심히 마케팅전략을 펼쳤겠지만 우연한 기회에 농수선수, 각종스포츠 선수와 인터넷사이트 활용에 관심을 가지게 되면서 시작된 예외적인 역발상의 관점의 마케팅전략이 사업목적과 업태를 전환하게 하는 극적인 결과가 되었는데, 실제로 ESPN이나 스포츠라인 SportsLine.com 같은 유명 스포츠 콘텐츠 사이트도 자사의 콘텐츠를 이용해 전자상거래 매출 올리기에 적극 나서고 있었다. 이때 나이키의 판매 업체들도 자신들이 온라인에 진출할 수 있도록 나이키의 협조를 적극 요구했었다. 이런 시장의 환경과 판매

업체들의 적극적인 요구, 고객의 니즈에 나이키는 모험을 하지 않을 수 없는 상황에 직면하게 되었다. 결국 나이키는 인터넷 직접 마케팅으로 1999년 6월 자사의 웹사이트를 전면 개편해 전자상거래 기능을 구축했고, 판매 업체들도 온라인에서 제품을 팔 수 있도록 허락하며 자사의 웹사이트에 나이키의 거의 모든 제품을 진열해 놓고 전면적인 인터넷 직접 마케팅을 시작했다. 그러나 전통적인 브랜드 기업인 나이키는 전자상거래 사이트 운영은 물론, 직접 마케팅에 대한 경험도 없던 터라 나이키는 인터넷 직접 마케팅에 뛰어들면서 모든 시스템을 안정화로 가져가려면 다시 시작해야 했다. 업체와의 관계는 물론 고객과의 관계를 재정립해야 했으며, 지금껏 경험하지 못했던 새로운 홍보, 광고, 영업영역까지 개척해야 했다. 하지만 이는 오히려 나이키의 시장 경쟁력을 더욱 강화해 주는 계기가 된다. 예를 들어 주문된 상품을 어떻게 포장하는지? 배송을 어떻게 추적하는지? 고객 관리는 어떻게 하는지? 등에 대한 지식이 부족했기에 모든 주문 배송 및 고객 관리를 UPSUnited Parcel Service로 아웃소싱하며 경험을 쌓아가게 된다. 또한 나이키닷컴 같은 거대한 전자상거래 사이트를 운영하기 위해선 웹사이트 디자인은 물론, 시스템 관리, CRM, 비즈니스 애플리케이션을 비롯한 갖가지 IT 기술도 필요하게 되자,

나이키는 전자상거래 사이트 운영에 필요한 디자인 및 IT 기술 역시 전문 업체에 아웃소싱하며 경험을 쌓고 노하우를 쌓을 수 있는 시간적 여유를 벌었다.

고객에게 직접 제품을 팔아야 하는 나이키가 가장 먼저 떠안아야 했던 것은 물류 관리였으며, 생산 계획과 인벤토리inventory 재고관리를 직접 담당하면서 소비자 수요를 예측해야 했다. 그러나 나이키가 인터넷 사업으로 얻은 소득은 소비자의 수요를 파악하기 시작하면서 소비자의 니즈를 통해 이전에 보지 못했던 보다 다양하고 새로운 新시장 가능성을 발견하게 된다. 이때부터 나이키는 소규모이면서도 지속적인 매출을 올리는 예외경제라고 할 수 있는 틈새시장의 존재를 확인하고 그 틈새시장을 위한 맞춤 제품을 생산하게 된다. 예를 들어, 요가나 댄스, 등산을 위한 스포츠 의류제품을 생산하기 시작했다. 또한 나이키는 소비자의 요구를 직접 접하기 시작하면서 제품 디자인과 가격 조정정책의 유연성을 확보하게 되었다. 이전까지 고객과 직접 소통할 기회가 없었던 나이키에게 인터넷이라는 비대면 접촉 도구가 니즈에 의한 의사소통의 대면성으로 이어지는 경험은 소비시장의 니즈와 트렌드를 즉각즉각 시장에 반영할 수 있는 값진 수확이었다. 뿐만 아니라, 나이키는 온라인에서 업체들과의 직접적인 경쟁을 피하기 위해, 자신들은 웹사이트에서 소비자권장가격 그대로 제품을 팔아 기존에 우려했던 업체들과의 제 살 깎아먹기 과다경쟁도 별다른 문제가 되질 않았다. 나이키는 인터넷 마케팅 전략으로 직접적인 매출을 올리기 보다는 장기적인 브랜드 확장과 시장 점유율 높이기에 초점을 맞췄다. 나이키 본사를 비롯한 더 많은 업체들이 인터넷 시장에 뛰어듦으로써 제품 인지도를 높이고 더 많은 업체와 실제 고객을 확보할 수 있는 길이 열린 셈이다.

인터넷 전자상거래 사업에 뛰어들면서 나이키는 처음으로 공정산출량이라는 엄청난 양의 고객 데이터를 모을 수 있었다. 고객의 인구연령, 거리분포, 쇼핑 성향, 가격에 대한 반응, 고객의 구매 주기와 빈도, 각 제품에 대한 선호도, 호감도 등에 대한 정보를 수집하여 영업에 반영할 수 있도록 산출량이 체계화되면서 나이키는 보다 정확한 데이터로 더 인기 있는 제품을 생산할 수 있게 되어 고객에게 사랑받는 효율적인 마케팅을 펼 수 있게 된 것이다.

이처럼, 나이키는 인터넷과 디지털이라는 예외경제 시장에 진출하면서 많은 것을 배우고 새로운 성장의 원동력을 확보하여 경쟁력을 키울 수 있는 계기가 되었다.

다음은 예외경제의 혁신이 부도 위험에서 성장 동력이 된 사례다.

(주)네오트 NEOT는 금형 및 제품설계 전문가인 김경락 대표가 86년 창업한 이래 컴퓨터와 통신기기 부품프레스, 판금사업 등을 중심으로 꾸준히 성장해왔다. 2000년에는 직원수 50여명에 연매출 40여억 원을 올리는 회사로 인천남동공단에 공장만도 두 개동이나 확보하고 있을 정도였다.

그러나 2002년 완성업체들의 해외이전과 중국산 저가품의 내수시장 공략으로 시장 환경이 급변하자 매출이 20억 원대로 내려 앉았고 부채도 늘어 위기에 봉착하게 됐다. 급기야 공장 한 개동을 매각하고 규모를 축소했지만 문제가 해결되지는 않았다. 단순한 구조조정이란 규모의 축소가 아닌 뭔가 새로운 변화의 돌파구가 필요했다. 혁신없이는 아무것도 안된다는 절박한 심정으로 김 대표가 택한 것이 업종추가를 통한 사업전환이었다.

‘위니아만도의 딤채 김치냉장고’처럼 자체브랜드를 내걸 수 있는 제품이어야 하며 기존 기술을 접목시킬 수 있어야 한다는 것, 그리고 안정적인 매출이 발생하는 아이템이라야 한다는 것이 아이템 선정 기준이었다. 2005년 이렇게 선정한 신규아이템이 전기온풍기와 제빙기 사업이었다. 프레스와 판금기술 및 인력을 확보하고 있는데다 자체브랜드로 틈새시장을 공략하기에 좋은 사업이며 겨울과 여름 서로 상반된 계절성 제품으로 생산출하 유통 시기가 교차하여 제품상호 간에 비수기를 대체할 수 있었기 때문이다.

2006년 먼저 온풍기 개발을 시작해 1년만에 기존 제품과 차별화된 제품을 개발, 양산에 들어갔고 곧바로 제빙기 개발에도 착수했다. 하지만 먼저 개발한 제품이 시장에서 매출을 발생하기 전에 또 다른 제품개발이 진행됐으니 당연히 자금난에 봉착할 수밖에 없었다. 총 개발비용 12억원중 이미 절반 이상이 투자된 상황이었다. 게다가 온풍기 양산에 들어갔지만 신규제품에 대한 정확한 수요예측 실패와 이로 인한 재고부담으로 운전자금에 어려움을 겪고 있을 때 매스컴을 통해 중소기업진흥공단의 사업전환지원제도를 알게 되고 사업전환 승인을 받아 운전자금 1억5천만원을 지원 받았다. 이를 통해 포기할 뻔 했던 제빙기 개발에 속도를 내고 동시에 전기온풍기 마케팅에도 힘을 내게 되었다.

이미 대기업 제품들이 시장을 잠식하고 있는 상황이었지만 전국 20여개의 총판을 확보하고 제품의 특화된 차별성을 통해 적극적으로 시장을 공략해 나갔다.

이렇게 성장한 네오트는 현재는 '에콜로ECOLO'라는 자체 브렌드로 시장에서 선전하고 있다. 이 모두가 네오트에게 있어서는 예외적인 사업전환이 아니었다면 불가능한 일이였다.

틈새경제=예외경제

우리가 즐겨먹는 라면, 이 라면의 틈새시장을 공략한 예외경제 시장 아이템으로 '틈새라면' 이라는 브랜드는 우리의 고정화된 생각의 틀을 깬 대표적인 사례다.

독특한 '틈새라면'의 성공비결은 메뉴의 차별화도 있었지만 벽에 붙은 알림문이나 상호명과 홍보 등 모두가 예외경제 아이템으로 이뤄낸 성과이다.

90년대 초부터 2000년대 초까지 여러 차례 법이 개정되면서 직접판매공제조합, 특수판매공제조합이 설립되고 우리가 소위 피라미드라고 말하던 다단계판매업계를 정부입장에서는 육성정책으로 돌아서며 기조를 달리했다. 그러나 법이 만들어지기는 했으나 당시 우리국민 대다수가 옥석을 가려 사회적인 기업과 그렇지 않은 기업을 분별하는 인지력이 생기기까지는 많은 시일이 필요했다. 지금도 자라보고 놀란 가슴 솥뚜껑보고 놀란다고 참신하고 투명하며 온전한 기회를 제공하는 직접판매회사들 마저도 편견과 선입견으로 터부시하는 경향이 두드러진다.

무질서했던 지난 시절을 지나 사회적으로 용인할 수 있도록 정화시키는 과정에서도조차 가끔 어떤 회사는 방문판매 등에 관한 법률안에 다단계판매업으로 등록했다고는 하지만 편법과 불법을 자행했다. 자칭 무늬만 네트워크마케팅인 소수의 몇몇 회사들이 업계의 물을 흐려놨기 때문에 충분한 인식의 전환을 가져올만한 시간적 여유가 부족했다. 그렇다고 언제까지 이런 회사들만 탓할 수는 없는 노릇이다. 자신이 옥석을 가릴 수 있는 분별력만 있다면 피해볼 일이 없다. 결론적으로 분별력만 있다면 기회도 함께 있는 것이 된다. 분명한 것은 이런 시행착오를 경험하면서 유럽과 미국, 일본처럼 예외경제 속에 어느 순간 자리 잡아간다면 어느날 예외경제음지가 트렌드양지가 되어 고소득자가 지금보다 수없이 많이 탄생할 것이다. 그 시기가 되면 유통선진국들 사이에서처럼 우리 사회의 부러운 시선을 한 몸에 받으며 존경받는 사업가로, 가정에서는 훌륭한 아버지, 어머니가 되어 있을 것이다.

네트워크마케팅의 예외경제가 트렌드로 자리 잡아간다면 기회의 문도 함께 좁아질 것이다. 기회의 문이 좁아지기 전 예외경제일 때 기회를 반드시 붙잡으라고 권하고 싶다. 그런 차원에서 학교에서는 직거래방식의 프로슈머를 교육하고 있어 젊은 세대들에게는 이 업계가 앞으로 탑비즈니스의 경제영역으로 올라갈 것이 분명하다. 필자의 개인적인 견해에서 보면 직판, 특판조합에 가입된 몇 회사는 투명하고 안정적이며 사업성 또한 커서 믿을만하다고 판단된다. 당연히 이 회사에 속한 독립디스트리뷰터independent distributor/D.T또는 IBOindependent business owner 이들이 포기하지 않는 열정과 헌신의 대가는 억대연봉자로 존경받는 상류층으로 올라갈 가능성이 매우 크다.

참고로 현 시점에서 평범한 서민이 일반유통업이나 직장, 직업을 통해서 억대 연봉을 받으며 상류층사회로 진입하는 확률 보다 오히려 높게 나타나고 있는 듯하다. 청년 실업난과 노후에도 일해야 하는 현재의 상황을 고려할 때 직접판매 또는 네트워크 마케팅이라고 부르는 이 업계는 분명히 예외경제 트렌드의 큰 축으로 자리 잡을 것이다.

"미국은 상원의원 대다수가 네트워크 사업자이거나 소비자이다."

미국상하원 국회의원 중에서도 월 1억원 이상의 고소득을 누리고 있는 네크워크마케팅 사업자가 10여명 이상 된다는 사실이 놀랍지 않은가?

현재 우리나라 당국의 정책이나 관심으로는 상상할 수 없는 일이다. 미국의 '빌게이츠, 빌 클린턴, 로버트 기요사키, 앨빈 토플러' 등등 수없이 많은 경제학자, 미래학자, 위정자, 유명 인사들이 하나같이 격려하고 독려하는 유통선진국들의 시대상처럼 우리사회 학계와 언론, 정계와 재계의 공신력 있는 인물들이 예외경제 트렌드의 표준을 제시하고 독려하여야 할 것이다. 물론 전 대전광역시장, 전 성남시의회 의장, 윤은기총장, 이영권박사, 이창우교수, 정균승교수, 김창호교수 등등 몇몇 사회 지도층들이 격려와 독려를 하고 있지만 이정도로는 부족하다. 하루 속히 직접판매의 예외마케팅 시장을 활성화시켜 세계로 무대를 옮겨 나가야 한다.

네트워크마케팅을 수출하여 외화를 벌어들이고 있는 미국의 A사, N사, H사, M사 등등처럼 우리 국내 토종 우량기업을 적극 육성지원해서 新유통 역수출국의 대열에 선행모델로 국가적 차원에서 법과 말뿐만이 아닌 위기의식을 가지고 매우 적극적이고 강력하게 육성 지원해야한다. 이것이 한국경제와 서민경제 부양정책에도 활로가 될 것이 분명하다. 여기에 IT, 줄기세포, 의료, 한방의 강국인 한국은 IT와 이러한 분야를 잘 접목한다면 글로벌 네트워크 기업으로 고도성장이 가능한 기업들이 몇 있다. 그러기 위해서는 직접판매의 우수성을 대국민캠페인으로, 위정자들의 강력한 홍보는 기본이고 내수활성화 방안과 판로를 개척할 수 있게 옆에서 거들어야 한다.

정부차원에서 적극 지원하고 육성한다면 국내 기반을 등에 업고 중국, 인도, 브라질, 동남아시아는 물론 일본, 미국과 유럽 등지로 역수출되어 한국 경제의 효자노릇을 톡톡히 할 것이다.

대만 국회의장 출신 네트워크 성공자 "왕자관"

자유중국에서는 우리나라의 국회의원인 국민대회 대표와 우리나라의 국회의장인 국민대표 의장단 의장을 역임한 "왕자관"이 예외 마케팅 사업자로서 큰 성공을 일구면서 전세계적으로 이슈화 되면서 센세이션을 일으키기도 했다.

미국과 일본, 독일 등 선진국들은 이미 네트워크 마케팅이 정착되어 백만장자의 20% 이상이 우리에게는 예외경제인 네트워크 마케터들이다.

우리에게도 FTA를 통해 세계시장을 넘볼 수 있는 기회가 찾아왔다. 제발 믿음을 사길 바란다.

예외마케팅

예외경제 → 틈새경제 → 기준경제

예외경제의 블로그 마케팅과 직거래방식의 네트워크 마케팅

예외경제와 마케팅은 사람에 의한, 사람을 위한 의식주를 위해 존재 한다. 예외 마케팅이란? 수면 위로 드러나 기준점이 되는 마케팅이 아닌 수면 아래 있어 온전한 모습이 아직 드러나지 않은 상태로 추측성 미지수 마케팅이다. 그러나 가능성이 있는 예외 마케팅은 수면위로 떠오름과 동시에 기준점이 되는 마케팅이다.

의식주衣食住 의衣

50년대까지 한복문화의 의복의 기준의류문화경제 관점에서는 양장은 예외의류문화 경제일 수밖에 없었다.

70년대까지 청바지와 케쥬얼은 예외의류문화 경제일 수밖에 없었다.

의식주衣食住 식食

70년대 후반까지 한식문화의 우리 입장에서 보면 양식문화는 예외음식문화 경제로 당시까지만 해도 쌀과 보리 주식문화의 우리국민에게는 떡, 닭백숙과 같은 전통적인 한식이 기준음식문화의 유통경제기준경제가 중심축이라면 빵, 피자, 햄버거, 돈까스, 후라이드치킨, 양념치킨은 예외음식문화 유통경제예외경제이다.

의식주衣食住 주住

6.25전쟁 이후 길게는 60년대 초반까지 지붕위에 기와를 얹은 기와집인 한옥이 주택문화 기준경제였기에 콘크리트로 지붕을 마감처리 한 양옥주택문화 경제는 예외주택문화 경제일 수밖에 없다.

60년대 중반이후 틈새주택경제를 시작으로 70년대에서 길게 80년대 초반까지 양옥주택문화는 기준경제로 확실하게 자리 잡았다. 이 시기에 아파트 주거문화 공간이란 부동산주택경제는 예외경제였다. 그러나 이시기에 부동산이나 건설에 발을 들여 놓은 사람들이 있었는데 이들을 양옥이란 기준주택경제의 시각으로 본 사람들은 이해할 수 없었을 것이다.

80년대 초반까지만 해도 옆집에 누가 살고 숟가락이 몇 개인지 알 정도로 대면성이 풍부한 우리 국민들에게 재래시장은 유통시장의 기준경제였으나 80년대 후반에는 백화점으로 이동했다. 이 당시까지만 해도 창고형 할인마트는 예외유통 경제였다.

90년대 대형할인마트라는 기준유통 경제관점에서 TV홈쇼핑, 인터넷 전자상거래는 예외유통 경제였다.

1970년 이후 세대를 제외한 구시대와 낀세대구세대와 신세대중간는 TV, 신문광고에서 인터넷광고 특히 블로그 광고로 마케팅 시장이 옮겨가고 있다는 사실을 어느 정도나 인식하고 있었을까? 블로그광고 마케팅은 구시대와 낀세대들에게는 확실한 예외마케팅이다. 그러나 소비트렌드의 중심에 서있는 1020신세대들에게는 친숙한 마케팅 중의 하나이다. 최근 미디어 환경의 변화에 따른 커뮤니케이션경영 또는 소통경영이 기업과 소비자에 부각되는 시점에서 광고마케팅 역량이 집결된 블로그마케팅이 대기업들 사이에서는 이미 기준마케팅으로 사용되고 있다. 신세대와 새로운 기업전략을 구사하는 마케팅 담당 실무자들이 성장하면서 공격적으로 또는 홍보의 시간적 인식과정을 거쳐 결국 사회 전체적으로 확산될 블로그마케팅은 앞으로 기준마케팅 경제가 될 것이다.

90년대 중반까지 예외경제였던 인터넷전자상거래 또는 TV홈쇼핑을 오픈한 사람들 중에서 끈기, 오기, 독기로 끝까지 인내한 극소수의 사람들만이 기준경제로 진입했다. 예외경제로 시대를 앞서나가면 반드시 기준경제권 안에 있는 많은 사람들의 편견과 오해, 선입견으로 곤경과 고난을 경험하게 된다. 그 대표적인 예가 90년대 중반 삼구홈쇼핑이다. 시대를 앞서 나가는 것까지는 좋았으나 끝내 버티지 못했다.

예외마케팅과 경제는 진입장벽이 낮지만 고난의 장벽은 매우 크고 강하다. 초기 고난의 어려운 시기를 잘 인내하면 성장 팽창기가 오고 이 때는 젖과 꿀이 흐르는 땅에서 풍족한 삶을 누리게 된다. 지금 TV홈쇼핑과 인터넷전자상거래는 엄청난 매출을 올리고 있다. 기준경제로 들어왔기 때문이다. 이러한 시점에 평범한 보통의 사람들이 기준경제로 들어가서 성장한다는 것은 조선시대 종이 양반되는 것과 같다. 그렇다면 새로운 예외경제로 눈을 돌려야한다. 그 하나의 대안이 예외 마케팅인 네트워크마케팅이다.

시기적으로 너무 일찍 들어와서 불법마케팅으로 사회적으로 물의를 일으켰던 무늬만 네트워크마케팅인 일부회사, 불법다단계 판매방식의 유통방법으로 인해서 정통네트워크마케팅이 고난을 경험했고 아직까지도 사회적으로 선입견과 편견이 남아 있는 네트워크마케팅은 분명 곧 성장, 팽창할 예외마케팅이다. 최근 FTA를 통해 곧 수면위로 떠올라 틈새경제가 되면 곧바로 기준경제로 진입할 것으로 예측된다. 네트워크마케팅을 재조명하고 분별력을 키워 젓과 꿀이 흐르는 땅으로 들어가길 바라며 이 일을 하기에 앞서 상품의 사업성 검토와 가치관 정립 그리고 자신이 준비해야할 정보검증과 보상플랜 확인 등의 사안도 있다는 것을 명심해야한다.

5년 후, 비전확인

성공을 위한 회사 선택은 집요하고 철저하게

미래 이슈로 발전 가능성이 점쳐지는 최고사업 item, 성장 가능성이 확실한 몇 가지 중 하나는 120세를 향한 장수의 욕망을 실현시킬 건강한 삶의 대명사 생명공학 '바이오테크놀로지BT/biotechnology'와 입자를 최소한으로 쪼개고 쪼개는 신기술 '나노 테크놀로지Nanotechnology' 그리고 '정보기술IT/information technology' 정보기술 속의 3G/4G모바일, 와이브로wireless broadband, Wibro, 인터넷전화, IPTVIP Television는 인터넷을 이용하여 방송 및 기타 콘텐츠Content를 텔레비전으로 제공하는 서비스 방식, 인터넷과 텔레비전이 통합된 양방향 디지털 컨버전스digital convergence다.

위의 열거한 분야는 개인적인 역량이 있는 1% 소수의 특출한 이들 이외에 감히 도전하기가 쉽지 않지만 유통은 평범한 사람도 누구나 가능하고 누군가는 책임을 맡아야한다면 내가 하는 것은 어떤가? 거시적 규모의 경제를 벗어난 작지만 강한 강소기업인 중소기업들이 제품의 경쟁력을 갖추고 생존과 성장을 위해 新유통으로 이동하고 있다. 소비자 또한 가정의 행복과 생존을 위한 소비의 구조적 이동이 필요하다면 예외 마케팅 안에 시장경제원리의 유통 흐름이 있을 것이기에 기존의 유통이 어디로 흘러가는지 꼭 확인해 보기 바란다.

기업은 제품을 유통하기 위해서 많은 소비자 군단이 존재하는 구매력을 갖춘 집단을 찾기 마련이고 때문에 상품연구에서 소비에 이르기까지 시장경제원리의 정점에는 유통조직이 있다. 지금은 소비자유통조직이 칼자루를 쥔 형국이다.

이제 인터넷이 공공기관이나 전 국민에게 보편적 보급화 되었기에 손쉽게 정보에 대한 객관적 검증이 가정에서 이뤄질 수 있다.

누가 뭐라고 해도 이 신新유통에 대하여 객관적이고 철저한 개인의 검증 이후 관련 종사자의 얘기를 귀담아 듣는 현명한 지혜로움이 필요하다.

공정거래 위원회에 가면 많은 자료를 검색할 수 있다. 그 중에서 먼저 봐야 할 것은?

첫째, 재구매율(%)

둘째, 상위 1%의 후원수당 수급자인원

금액이 많은 후원수당보다 상위 1%의 후원수당 수급자가 가장 많은 곳이 현실적으로 자신의 성공의 문을 넓게 하는데 이롭다.

참고적으로 물류 예외 마케팅 비즈니스가 국내에 최적의 조건으로 완전하게 자리를 잡으려면 국민소득 3만 불 이상, 그리고 내수시장 활성화를 위한 인구 1억 명 이상의 조건이 가장 이상적인 시나리오다, 아직 한국은 부족한 면이 없지 않지만 앞으로 국민소득이 높아질 것이기에 가능성은 열려 있다. 또한 실제로 성공한 사업자도 많이 있기도 한 때문이다. 그러나 통신을 기반으로 한 물류회사는 상황이 좀 다를 수 있다. 현재의 국내 인구수로도 충분하고, 국민소득 만불 이상이면 가능하다. 여기에 물류가 접목된 종합유통이라면 금상첨화錦上添花다. 현재 정통성 있는 네트워크마케팅 회사들이 이런 이유로 통신이 접목된 상황이다.

앞으로의 회사의 성장가능성과 주력상품의 성장가능성을 꼼꼼히 살펴볼 필요가 있다. 국가 기관의 국민의 알 권리를 위한 정보공개를 통해 현재까지 회사의 총 연매출과 재무제표합계잔액시산표, 대차대조표, 손익계산서, 미처분이익잉여금처분계산서, 현금흐름표상의 자금구조 또한 금감원이나 관계사에 자본이 성장했는지? 공정거래위원회, 직접판매공제조합, 특수판매공제조합, 직접판매협회 등 검증 가능한 경로를 거칠 수 있으면 좋겠다.

최종적으로 관련기업이나 상품에 관계하여 그 업계에 종사하면서 객관적 카운슬링을 해 줄 수 있는 신뢰성이 확고한 사람에게 자문을 구하고 최종적으로 자신의 적성을 약간 고려한다면 나무랄 데 없이 좋은 선택이 될 것이다.

회사의 설립역사가 최소 5년 이상 경과한 회사를 선택하는 것이 일정 성취를 이룬 이후 경제적, 안정적 수익을 꾸준히 낼 수 있다. 본인은 정상에 올라왔는데 회사가 없어졌다면 무슨 의미가 있겠는가? 그래서 회사의 건전성과 투명성 장수기업가능성이 매우 중요하다.

결정했다면 부정적인 것을 역으로 지혜롭게 보는 법을 익혀야 된다. 편견, 선입견, 오해, 부정이 있기에 아직 기회가 남아 있다.

건전한 사회기업으로 성장한 회사에 확고한 사업자로서 효과적으로 노력하고 열정을 불태웠다면 중도에 포기할 이유가 없기 때문이다. 80대20의 법칙은 어디에서나 존재한다. 성공하는 사람들이 있으면 실패하는 사람도 있고 긍정하는 사람이 있으면 부정하는 사람도 있게 마련이다.

실패한 책임은 어디까지나 자신에게 있다는 것을 기억하라. 또한 부정적인 시각을 가지고 있는 사람 역시도 실제로 실패한 경험을 통해 부정적이라면 이해는 가지만, 자신의 실수와 실패의 책임을 비열하고 옹졸하게 남의 탓으로 전가시켜 이제 막 열심히 하려는 또는 검토해서 시작하면 성공할 수 있는 사람에게 부정적 생각을 전도시키지 않길 간곡하게 바란다.

혹 특별한 근거나 이유 없이 간접경험으로 남의 얘기를 듣고 부정한다면 그 사람은 필경 객관성이 결여되어 줏대 없는 사람일 것이다. 그런 사람이 내 옆에 가까이 있다면 자신의 삶과 성공에 의구심을 가져 보길 권유한다.

어떤 기업이든 '안티'는 존재한다. 잘나가는 기업 대부분이 모두 안티가 있다. 삼성, LG, 현대, 롯데, 한화도 안티가 있다. 안티가 있는 것을 꼭 나쁘게만 볼 필요는 없다. 부정적인negative조직과 사람들 흔히 정치를 빗대어 말하는 야당 이와 같이 견제 세력과 반대급부가 존재해야 발전이 있다는 말이다. 안티는 투명경영과 회사발전을 위한 하나의 장치이다.

합리적이고 투명한 회사일수록 노조가 있고, 민주적이고 합리적이며 올곧은 정치일수록 야당이 존재한다. 공정하고 객관적인 검증 없이 소수의 비주류인 안티를 안티로 받아들이는 순간 당신의 평생과 그 후대에 이르기까지 발전은 없을 것이다.

사회 조직 중에서 그 조직에 100% 만족, 지지, 충성, 긍정만 있는 조직이 있다면 그 조직이 이상한 조직이다. 이상적인 종교도

분쟁이 있고 종단·교단 분열이 있다.

　불만족과 부정이 없는 사회 조직이 있는가? 그렇다면 그 조직에는 긍정적인 사람은 있을지 몰라도 변화를 통한 긴장이나 혁신적인 사람은 없다고 보아야 할 것이다. 실패가 없는 사업이 있는가? 실패 없이는 성공의 과정이 존재할 수 없다. 한번 실패했다고 두려워서, 고정관념에 사로잡혀 아무것도 안할 수는 없는 노릇 아닌가?

　공부를 잘하고 싶다면 공부를 잘하는 친구나 선생님에게 물어보고, 성공하고 싶다면 성공한 사람들에게 물어보고, 돈을 많이 벌고 싶다면 부자에게 돈 버는 방법을 물어봐야지 반에서 꼴찌하는 친구, 실패한 사람, 가난한 사람에게 물어보면 무슨 유익이 있겠는가?

　현대 사회를 살아가기 위해서는 여성들이 가지고 있는 특유의 장점을 받아들일 필요가 있으며 지금까지 여성들이 자신에게 맞는 옷을 찾아 직업을 갖고자 노력했던 것과 마찬가지로 예외 마케팅 사업영역에도 참여해왔고 발전시켜왔다. 여성들이 참여해왔던 기존의 모든 사업 영역이 대부분 남성들로부터는 터부Taboo시 여겨져 왔고 기준 이하 취급을 받아왔지만 그 끝은 희망적이고 큰 가치가 있어왔다.

이제 검증이 끝났다면 제발 네트워크 마케팅에 대한 이 新유통의 잘못된 선입견, 편견, 오만, 오해를 걷어내고 점점 사라지는 직장을 찾기 보다는 직업을 갖기 위해 좋은 예외 마케팅 회사를 선별할 수 있길 바란다.

IQ, EQ, NQ, SQ의 10Q가 인정받는 감성사회에 넓은 혜안을 가지고 예외마케팅에 참여한 사람이라면 끈기, 오기, 독기, 인내를 함께 가져가야 한다.

소비가 없는 사람은 죽은 사람뿐이다. 이제 어떤 누구라도 진정한 소비와 사업이 통합된 프로슈머 사업영역으로 일의 포트폴리오를 재구성하자.

2030년대 이후 대부분의 사람이 120세를 향한 초고령화 사회를 살아가야 할 우리는 분명 센터내리언centenarian시대이다. 미래를 위한 현명한 소비로 무덤에 들어갈 때까지 생산적 활동을 취하는 것은 어떤가?

네트워크 서언 N-KOREA 상생

대졸자 미취업자 등 20대의 청년실업이 30대로 확대되고 40대 명예퇴직과 실버계층의 실업 문제가 일상이 된 지금 나눔의 네트워크 마케팅사업이 이러한 문제점들을 풀어갈 수 있다고 국내외 많은 미래, 경제, 경영학자들은 의견을 제시하고 있다.

불황기에는 생산자와 소비자, 이들 모두 유통 구조를 축소할 수 있는 쌍방향 상업커뮤니케이션인 新유통을 원한다. 판매와 소비가 동시에 일어나 직접 연결되는 구조인 인적판매가 기업과 소비자 모두에게 이익을 가져다주기 때문이다. 이러한 상황에 인적판매의 허브 역할을 감당할 수 있는 프로슈머, 직접판매NWM사업자가 우리 사회 기업, 개인 소비구조에 절실하다.

예외 마케팅은 제조업체·유통회사·소비자가 모두가 Win—Win 전략으로 상생해 최적의 효율을 얻을 수 있는 비즈니스 모델이다. 우수한 제품을 생산하는 중소기업 제조사에 유통의 판로를 넓혀 주고, 제품의 브랜드 가치상승과 지속적인 고품질의 상품개발 연구의 기업 전략, 기업 재정의 안전성 확보 등을 실현할 수 있다. 경쟁력 있는 중소기업의 육성에 필수적인 제품과 서비스의 질을 향상시키기 위해서라도 소비자 마케팅을 구사해야 한다. 그 결과 예외마케팅 기업은 인적판매로 고객의 정보와 니즈를 반영해 기술력이 성장할 수 있다. 따라서 신뢰와 믿음을 얻을 수 있다.

하루가 다르게 급변하는 세상 기존의 가치관과 삶의 방식이 변했다. 이렇게 변해서일까! 예외마케팅 사업자들은 미래에 대한 꿈의 비전으로 예외마케팅 사업에 시간과 열정, 노력이라는 투자 가치를 보고 인생의 반전 기회로, 고루한 삶에 역전의 찬스로 잡고자 긍정적으로 생각하고 접근하고 있다.

이러한 국가적, 사회 전반적인 생각을 가지고 新유통회사의 제품과 회사에 대해 주도적으로 적극적인 참여와 소비는 정직하고 놀라운 변화를 일으킬 수 있다. 이런 선진 사례의 멤버십 유통 사업이 바로 예외마케팅이라는 정보와 믿음 때문이다.

투명하고 건전하여 합리적인 예외마케팅 사업에 있어서 자신의 가치관정립 없이 욕심으로 무리하게 무작정 사람을 데리고 오는 것보다도 이들에게 新유통의 정보와 비전을 줄 수 있는 능력과 마인드를 만드는 것이 중요 하다. 그래서 전달자 자신이 10Q 지수를 높이고 정보를 가지고 일의 흥미와 성공할 수 있다는 자신감으로 확신을 갖고 있어야 한다. 이는 교육을 통해 가능하다.

네트워크사업이 잘 된다면 돈 잘 벌어서 좋고, 안 된다면 자신

을 돌아볼 수 있는 반성의 성찰과 교육을 통한 자기계발의 시간
으로 보내게 되어 개인의 사회성과 인격 성장에 도움을 준다. 이
러한 예외 마케팅은 개인에게도 기회인 것이다.

부록
하루 일정/
주간 일정표

<하루 일정/주간일정표>

직업을 갖기 위해서 NWM은 하나의 대안으로 충분하다. NWM 부업/전업으로 진행하기 위해서는 반드시 시간을 체계적으로 활용해야만 한다.

NWM에 자투리 시간을 활용하는 계획표를 세워 매일 체크해야 한다.

〈실천했음:○ 하긴 했음:△ 안했음:×〉

주간 / 시간	월	○△×	화	○△×	수	○△×	목	○△×	금	○△×
5~8시										
8~9시										
9~12시										
12시~1시										
1시~4시										
4시~6시										
6시~7시										
7시~11시										

〈직장과 직업의 밑그림 질문?〉

질문	나는 방문판매, 다단계판매, 네트워크마케팅의 개념을 알고 있는가?
답변	
질문	나는 평생직장의 개념과 평생직업의 개념을 알고 있는가?
답변	
질문	평생 직업을 위해 필요한 경력관리는 무엇인가?
답변	
질문	나는 꿈과 계획/인생목표를 세우고, 평생 직업을 위해 어떤 경력관리를 하고 있는가?
답변	

〈인간관계와 성공하기위한 시간조절〉

질문	나의 컨디션을 조절하는데 필요한 수면 시간은 몇 시간이며, 최상의 컨디션은 하루 중 언제인가? 나는 아침형 인간인가? 저녁형 인간인가?
답변	

<정보, 감성, 능력, 실력, 관계성>

나의 강약점 분석표 EX	
나의 강점 부문(내적/외적 장점)	
1. 영어회화, 요리, 화술, 처세술, 컴퓨터활용능력	2. 긍정의 마인드
3. 인맥	4. 부지런함
나의 약점 부분(내적*외적 단점)	
1. 인내력	2 .부정적
3. 관계성	4. 게으른 생활
기타	

<직업정보 검색, 수집>

직업 분석표	
구분	세부내용
관심직업/직무	
요구 성향	
요구 가치관	
필요한 능력	
해야 할 업무와 책임	
학력	
근무환경	
급여 및 복리 후생	
미래 전망	

"평범하다면 먼저가라"

예외경제트렌드는 네트워커들을 위한 책만은 아니다. 불안한 미래를 살고 있는 100세 센터내리언centenarian시대의 모든 직장, 직업인 이들이 시대를 먼저 가서 준비할 수 있는 대안적 참고 서적이 되었으면 하는 바람을 갖는다.

대부분의 예외마케팅 전문 출판사나 서적들이 이 일의 가치보다는 컨텍과 초대에 포커스가 맞춰지고 이후, 예외 마케팅의 사업방법 정의, 개념을 정리하고 나서야 비로소 가치성을 따로 말하려고 하는 듯하다. 필자는 반대다. 이 일에 가치성이 선행되고 이후 예외마케팅을 찾아서 개념을 정리하고 컨텍과 초대에 관한 가르침과 방법이 필요하다고 본다.

경제활동을 통해서 돈을 버는데 필요한 10Q를 분리해보면

4가지로 압축된다. 먼저 3가지는 사업자본MQ, 기술PQ+NQ
+DQ+SQ, 지식IQ학력이다. 이것이 갖추어진 다음에는 결국 인
간관계성의 휴먼인테크H. P. T가 성공을 좌우한다고 할 때, 예외
마케팅을 대안으로 선택했다면 반드시 이 일의 가치성을 먼저 정
립하고 사업하길 당부 드린다. 특히나 최근 유통시장의 예외마케
팅이 주는 휴먼인테크를 통한 신분상승, 부의 역전, 부의 전면개
편 시점에 관하여 통찰력을 가지고 알아보길 바란다. 시대가 주
는 마지막 변화와 기회임을 받아들여 보통의 사람들이 가난의
고리를 끊길 소망한다. 예외마케팅과 무선통신은 회귀回歸하는
역사의 전환기적 시점에서 절대 놓쳐서는 안될 평범한 개인의 승
부처가 될 것이다. 특히나 미국, 유럽, 일본, 인도, 중국, 칠레와의
자유무역, 무관세, 다자간무역으로 진행되는 자유무역협정FTA:
Free Trade Agreement이란 세계화는 모든 예외마케팅 사업에 주
마가편 역할을 할 것이다. 실제로 新유통 분야가 각광받고, 사업
자들의 위상이 높아질 것으로 기대해본다. 또한 MVNO라는 무
선가상이동통신 사업이 허용되어 이동통신 예외마케팅 개인대리

점 사업에 날개를 달아주어 이전보다 큰 기회와 성공이 가능하다. 이는 평범하지만 먼저 가는 새로운 사람들 속에서 새로운 문화라는 가치, 모델, 전형, 패턴을 창출할 것이다. 지금 눈을 크게 뜨고 관심을 가지고 내수경제와 국제경제를 지켜본 사람들은 몸을 움직일 수밖에 없을 것이다.

노파심에서 다시 한 번 프로슈머사업인 예외마케팅을 간과해서는 안 된다는 것을 당부 드리며 끝까지 읽은 독자들은 반드시 끈기, 오기, 독기를 가지고 예외경제 트렌드에서 10Q를 계발하고 먼저 가는 좋은 아이템으로 시대의 흐름에 편승하여 성공적인 삶을 살길 바랍니다.

이 책을 읽은 모든 분들과 정상에서 만나 뵙길 소원하며, 도서출판 선영사를 비롯해 이 책이 발간되도록 물심양면으로 도와주신 모든 분들께 감사드립니다.

〈21세기를 향한 성공프론티어 이성진〉

유산遺産의 죄罪

(奉天)이성진

가난을 볼모로 잡고 싶은 자 있는가?

가난家難이 죄罪가 아니라 하지만, 죄인인 모습의 형국形局과 사슬의 벌罰을 고루 갖추었기에 하나의 불문법不文法에 기초한 무형無形의 수인囚人인 것이다.

가난이란? 천박淺薄하지도 그렇다고 비굴卑屈한 것도 아님에도 불구하고 충분히 천박淺薄스러우며 비굴卑屈하게 보호하여 형벌刑罰의 언도言渡를 받은 괴로운 사슬의 견자犬者가 된다.

가난家難 그것을 탓할 수는 없지만, 그것을 원망怨望하게 하고, 가난家難! 그것을 변명變名하거나 잘 싸여진 화려하고 부푼 포장包裝으로 꾸밀 어떤 가치價値나 필요는 없지만, 분명, 변명하게끔…,

값비싼 종이로 화려하게 포장包裝하여 늘 은닉隱匿하도록 유

혹誘惑한다. 하지만, 결국 시간이란 긴 세월歲月속에 흔적으로
남아 알려진 사기꾼이 되고 만다.

가난家難! 그것은 부끄러움이 아니지만 부끄럽기에 충분하고,
가난家難! 그것은 잘못한 일이 아님에도 주눅 들기에 충분하다.

그래도 물려받은 젓가락은 아직 근원根源의 불씨를 거둬들인
것이 아님으로 도전賭錢하는 가능성可能性에 부풀지만, 어린아
이 오줌으로 불장난까지 치르고 난 불씨는…!

일종의 자신이 만든 가난은 운신運身의 폭幅과 그 불편함
이…,

서서히 정신병精神病으로, 고통 없는 듯 애써 태연泰然한 척
하지만, 결국 고통 받으며 이제 서서히 마음까지도 마감하게
될 것이기에…,

그건 그에게 속한 유산遺産의 죄罪 하지만, 상속됨으로 그를 바라보는 무죄無罪한 이에게 징벌懲罰이고 버거운 삶의 무게를 더한, 느낄 수조차 없는 짐을 주는 몰골殁滑이다.

2001년 어느 날

예외경제 트렌드

1판 1쇄 인쇄 2010년 07월 10일
1판 1쇄 발행 2010년 07월 20일

지 은 이 이성진
편집주간 박선영
편집기획 김범석
디 자 인 정은영

발 행 인 김영길
펴 낸 곳 도서출판 선영사
주   소 서울시 마포구 서교동 485-14 영진빌딩 1층
Tel 02-338-8231~2   Fax 02-338-8233
E-mail   sunyoungsa@hanmail.net
Web site   www.sunyoung.co.kr

등   록 1983년 6월 29일 (제02-01-51호)

ISBN 978-89-7558-369-8   03320